Espera

intr   intransitive verb   ∼
tr   transitive verb   ∼̇

-a *ending of adjective*
abel/o bee
abi/o fir
abomen/o loathing; ∼**i** loathe, abhor
abon/i subscribe (obtain by regular payment)
abrikot/o apricot
abrupt/a abrupt
absolut/a absolute
abstin/i abstain (refrain)
absurd/a absurd
abund/a abundant, plentiful
acid/a acid, sour
-aĉ- *denotes bad quality*; **dom**∼**o** hovel; ∼**a** wretched (despicable)
aĉet/i buy
-ad/ *denotes action, repetition, duration*; **martel**∼**o** hammering; **dir**∼**i** keep on saying
adapt/i adapt, fit
adiaŭ goodbye; ∼**i** say goodbye
adici/i add
adjektiv/o adjective
administr/i administer, manage
admir/i admire

adm..., reprove
adopt/i adopt
ador/i adore, worship
adres/o address
adverb/o adverb
advokat/o barrister
aer/o air
afabl/a kind
afer/o matter, affair, business, thing
afgan/o Afghan; ∼̇**io** Afghanistan
afiŝ/o poster
aflikt/i afflict, distress
afrank/i pay postage
Afrik/o Africa
ag/i act (take action); ∼**o** act (deed)
agent/o agent
agit/i agitate, stir up
agl/o eagle
agnosk/i recognise (approve)
agord/o tuning; mood
agrabl/a pleasant
aĝ/o age; **plen**∼**a** adult
aidos/o AIDS
ajl/o garlic
ajn *denotes -ever*; **kiu** ∼ whoever; **kio**

∼ whatever
-aĵ/o *denotes concrete manifestation*; ∼**o** thing; **manĝ**∼**o** food
akademi/o academy
akcel/i accelerate, further, promote
akcent/o accent (stress)
akcept/i accept; receive (guests)
akci/o share (in company)
akcident/o accident
akir/i acquire, get
akn/o pimple, spot
akompan/i accompany
akord/o agreement
akr/a sharp
aks/o axis; axle
akt/o act (theatre; law)
aktiv/a active
aktor/o actor; ∼**i** act (in theatre, etc)
aktual/a topical, current, present
akurat/a punctual, prompt
akuŝ/i give birth to
akuz/i accuse
akuzativ/o accusative (case)

akv/o water
al to, towards
alarm/o alarm
alaŭd/o skylark
alban/o Albanian; **~io** Albania
album/o album
ale/o avenue
alfabet/o alphabet
alg/o seaweed
ali/a other, different
alkohol/o alcohol
almenaŭ at least
almoz/o alms; **~i** beg; **~ulo** beggar
alt/a high
altern/i alternate *intr*
alud/i allude, refer to
alumet/o match (for fire)
alumini/o aluminium
am/i love
amar/a bitter
amas/o heap, pile, crowd; mass (large quantity)
amator/o amateur
ambasad/o embassy (envoys)
ambasador/o ambassador
ambaŭ both
Amerik/o America (continent)
amik/o friend
amor/i have sex
ampleks/o extent, range
ampol/o bulb (electric)
amuz/i amuse

-an/o *denotes member of group*; **vilaĝ~o** villager; **eŭrop~o** European
analiz/i analyse
anas/o duck
anekdot/o anecdote
angil/o eel
angl/o Englishman; **~io** England
angul/o corner; **rekt~o** right-angle; **tri~o** triangle
anĝel/o angel
anim/o soul
animal/o animal (not vegetable)
ankaŭ also
ankoraŭ yet, still
anonc/i announce
anser/o goose
anstataŭ instead of; **~i** replace (be a replacement for); **~igi** replace (find a replacement for)
-ant- *present active participle*
Antarkt/o Antarctic
antaŭ before; in front of; **~ du jaroj** two years ago; **mal~** behind
aparat/o apparatus
apart/a separate; **~igi** separate
apartament/o flat, apartment
aparten/i belong
apenaŭ scarcely
aper/i appear

apetit/o appetite
aplaŭd/i applaud, clap
aplik/i apply
apog/i support; lean *tr*
apostol/o apostle
apotek/o pharmacy
april/o April
aprob/i approve
apud close to
-ar/o- *denotes collection, group*; **arb~o** forest; **hom~o** mankind
arane/o spider
aranĝ/i arrange
arb/o tree; **~aro** wood, forest
arbitr/a arbitrary
ard/a ardent
arest/i arrest
Argentin/o Argentina
argument/o argument (reasoning)
arĝent/o silver
ark/o arch
arkt/a arctic
arm/i arm, reinforce; **~ilo** weapon
arme/o army
art/o art
arteri/o artery
artik/o joint
artikol/o article (journalism; grammar)
-as *ending of present tense*

asekur/i insure; ∼o insurance
asemble/o assembly
asert/i state, claim, assert
asfalt/o asphalt
asist/i assist (in official capacity)
asoci/o association
aspekt/i look, seem
-at- *present passive participle*
atak/i attack
atend/i wait, await, expect
atent/a attentive
atest/i testify, certify
ating/i attain, reach, achieve
Atlantik/o Atlantic
atom/o atom
aŭ or; ∼ ... ∼ ... either ... or ...
aŭd/i hear
aŭdac/a audacious, daring
aŭgust/o August
aŭskult/i listen
aŭstr/o Austrian; ∼io Austria
Aŭstrali/o Australia
aŭt/o car
aŭtobus/o bus, coach
aŭtomat/o automaton; ∼a automatic
aŭtomobil/o car
aŭtor/o author
aŭtoritat/o authority
aŭtun/o autumn
av/o grandfather

avantaĝ/o advantage
avar/a mean (miserly); **mal**∼a generous
aven/o oats
aventur/o adventure
avenu/o avenue
avert/i warn
aviad/o aviation; ∼ilo aircraft, aeroplane
avid/a eager; greedy
aviz/o notice; ∼i notify
azen/o donkey
Azi/o Asia
babil/i chat, chatter
bagatel/o trifle (unimportant thing)
bak/i bake
bakteri/o bacterium
bal/o ball, dance
bala/i sweep
balanc/i rock *tr*, swing *tr*
balbut/i stammer
baldaŭ soon
balen/o whale
balon/o balloon
balot/i vote, elect
bambu/o bamboo
ban/i bath, bathe; **sin** ∼**i** have a bath
banan/o banana
bandaĝ/o bandage
bank/o bank (financial)
bant/o bow, bow-tie
bapt/i baptise
bar/o bar, barrier
barakt/i struggle

Barat/o India
barb/o beard
barbir/o barber
barel/o barrel
bark/o sailing boat
baston/o stick
bat/i beat (strike), hit
batal/i fight
baz/o base; basis
bazar/o market (bazaar)
beb/o baby
bedaŭr/i regret
bek/o beak
bel/a beautiful, fine
belg/o Belgian; ∼io Belgium
belorus/o Byelorussian; ∼io Belarus
ben/i bless; **mal**∼i curse *tr*
bend/o tape
benk/o bench, seat
benzin/o petrol
ber/o berry
best/o animal
bet/o beet
beton/o concrete
betul/o birch (tree)
bezon/i need
bibliotek/o library
bicikl/o bicycle
bien/o estate, property, farm; ∼isto farmer
bier/o beer
bifstek/o steak
bild/o picture, image
bilet/o ticket; **bank**∼o banknote

bind/i bind (books)
bird/o bird
blank/a white
blasfem/i blaspheme, swear
blek/i cry (of animals)
blind/a blind
blok/o block
blond/a fair, blond
blov/i blow
blu/a blue
bluz/o blouse
bo- *denotes relative by marriage*; ~**frato** brother-in-law
boat/o boat
boj/i bark
bol/i boil *intr*; ~**igi** boil *tr*
bombon/o sweet (confection)
bon/a good; **pli**~**igi** improve
bor/i bore, drill
bord/o shore, bank
bors/o stock-exchange
Bosni/o Bosnia
bot/o boot
botel/o bottle
bov/o cow, bull
bovl/o bowl
bracelet/o bracelet, bangle
brak/o arm; ~**umi** hug, embrace
branĉ/o branch
brand/o spirits, schnapps
brasik/o cabbage

brav/a worthy; gallant
Brazil/o Brazil
bred/i breed *tr*; raise
brems/o brake
bret/o shelf
brid/o bridle, restraint
brik/o brick
bril/i shine *intr*
brit/o Briton; ~**io** Britain
brokant/i deal in second-hand goods; ~**a** second-hand
bronz/o bronze
bros/o brush
broŝur/o brochure, pamphlet
brov/o eyebrow, brow
bru/i make a noise; ~**o** noise
brul/i burn *intr*
brun/a brown
brust/o chest, breast
brut/o animal, beast
bub/o brat, urchin
buĉ/i slaughter
bud/o stall, stand, booth
budĝet/o = buĝeto
buĝet/o budget
buk/o buckle
buked/o bouquet
bukl/o curl (of hair)
bul/o lump, chunk
bulb/o bulb (of plant)
bulgar/o Bulgarian; ~**io** Bulgaria

bulk/o roll (bread)
bulten/o bulletin
bunt/a colourful
burĝ/o bourgeois
burĝon/o bud
bus/o bus
buŝ/o mouth
buter/o butter
butik/o shop
buton/o button
ced/i yield, give way
cel/o aim, purpose
cent hundred
centimetr/o centimetre
centr/o centre
central/o telephone exchange; power station
cep/o onion
cerb/o brain
ceremoni/o ceremony
cert/a certain, sure
cerv/o deer
ceter/a remaining
cifer/o digit; ~**eca** digital
cigar/o cigar
cigared/o cigarette
cign/o swan
cikatr/o scar
cikl/o cycle
cikoni/o stork
cinam/o cinnamon
cindr/o ash, cinder
cir/o polish
cirkl/o circle
cirkonstanc/o circumstance
cirkul/i circulate *intr*

cirkuler/o circular (letter)
cirkvit/o circuit
cit/i quote
citron/o lemon
civil/a civil, civilian
civiliz/i civilise
civit/o civic state; ∼**ano** citizen
col/o inch
ĉagren/i annoy, vex; distress
ĉambr/o room
ĉap/o cap
ĉapel/o hat
ĉapitr/o chapter
ĉar because
ĉar/o cart, trolley; ∼**umo** wheelbarrow
ĉarm/a charming
ĉas/i chase; hunt
ĉe at, by, near; ∼**esti** attend, be present
ĉef- *denotes chief*; ∼**urbo** capital (city); ∼**a** main, principal
ĉeĥ/o Czech; ∼**io** Czech Republic
ĉek/o cheque
ĉel/o cell
ĉemiz/o shirt
ĉen/o chain
ĉeriz/o cherry
ĉerk/o coffin
ĉerp/i draw, extract; el∼**ita** exhausted
ĉes/i cease *intr*
ĉeval/o horse
ĉi *denotes proximity*; ∼ **tie** here

ĉia every kind of
ĉial for every reason
ĉiam always
ĉie everywhere
ĉiel/o heaven; sky
ĉiel in every way
ĉies everybody's
ĉif/i crumple, crease
ĉifon/o rag
ĉin/o Chinese; ∼**io** China
ĉio everything
ĉiom every quantity
ĉirkaŭ around, about
ĉiu each, every; everyone
-ĉj/o *forms male pet-names from truncated root*; **pa**∼**o** daddy; **Vil**∼**o** Bill
ĉokolad/o chocolate
ĉu *denotes yes-no question*; ∼ **vere?** really?

da of (quantity)
daktil/o date (fruit)
dan/o Dane; ∼**io** Denmark
danc/i dance
danĝer/o danger; **sen**∼**a** safe
dank/i thank; ∼**on!** thank you!; ∼**a** grateful; ∼**e al** thanks to
dat/o date (time); ∼**reveno** anniversary
daŭr/o duration; ∼**i** continue *intr*, last;

∼**igi** continue *tr*
de of, from, by, since
debet/o debit
dec/i be fitting; ∼**a** decent
decembr/o December
decid/i decide
dediĉ/i dedicate
defend/i defend
defi/i challenge
deficit/o deficit
degel/i thaw *intr*, melt *intr*
deĵor/i be on duty
dek ten
deklar/i declare, state
dekliv/o slope
dekstr/a right (hand); **mal**∼**a** left (hand)
deleg/i delegate
delikat/a delicate
delir/i be delirious; ∼**a** delirious
demand/i ask (question); ∼**o** question
demisi/i resign (leave office)
dens/a dense, thick
dent/o tooth
denunc/i denounce
depon/i deposit
des so much the; ∼ **pli bone!** so much the better!
desegn/i draw (sketch); design
desert/o dessert

destin/i ordain, assign
detal/o detail
determin/i determine
detru/i destroy
dev/i have to, must; ~o duty; ~igi force
dezert/o desert
dezir/i desire, wish, want
di/o god
diabl/o devil
dialog/o dialogue
diant/o carnation
diet/o diet
difekt/i damage, spoil
diferenc/i differ; ~o difference
difin/i define
digest/i digest
dik/a thick; fat
dikt/i dictate
diligent/a diligent
dimanĉ/o Sunday
dimensi/o dimension
dir/i say, tell
direkt/o direction
direktor/o director, manager
dis- *denotes separation*; ~**doni** distribute
disk/o disc; record; **kompakta** ~**o** CD; ~**eto** floppy
diskut/i discuss
dispon/i have available; ~**ata** available

disput/i dispute, argue
distanc/o distance
disting/i distinguish
distr/i distract, divert; entertain
distribu/i distribute
diven/i guess
divers/a varied; various
divid/i divide
do therefore, then, so
dogan/o customs
doktor/o doctor (academic title)
dokument/o document
dolar/o dollar
dolĉ/a sweet
dolor/o pain
dom/o house
domaĝ/i begrudge, think a pity; **estas** ~**e, ke** it is a shame that
don/i give; **al**~**i** add; **el**~**i** publish (print); **el**~**ejo** publisher; **sin**~**a** devoted
donac/o donation, present, gift
dorlot/i pamper
dorm/i sleep
dorn/o thorn
dors/o back
dosier/o file (records)
dot/o dowry
dram/o drama
drap/o cloth (woollen)

drat/o wire
dres/i train, tame
drink/i drink (consume alcohol)
drog/o drug
dron/i drown *intr*
du two
dub/i doubt; ~**inda** dubious
dum during, while; ~**e** meanwhile
dung/i employ, hire; **mal**~**i** sack
duŝ/o shower (bath); ~**ilo** shower (fixture)
-e *ending of adverb*
eben/a even, level
-ebl/a *denotes possibility*; **kred**~**a** believable, credible; ~**a** possible; ~**e** perhaps, maybe
ebri/a drunk; ~**ulo** drunkard
-ec/o *denotes quality*; **pret**~**o** readiness; **amik**~**o** friendship
eĉ even
eduk/i educate, bring up
edz/o husband; ~**ino** wife; ~**iĝi** get married (man); ~**iniĝi** get married (woman); **ge**~**iĝi** get married (man and woman)
efekt/o effect, impression
efektiv/a real, actual
efik/i have an effect;

∼o effect (result)
-eg- *denotes augmentative*; bon∼a excellent
egal/a equal
egipt/o Egyptian; ∼io Egypt
egoist/o egotist
eĥ/o echo
-ej/o *denotes place*; lern∼o school
ek- *denotes start or suddenness*; ∼iri set off; ∼krii cry out
ekip/i equip, fit out
eklezi/o church (organisation)
ekologi/o ecology
ekonomi/o economy
ekran/o screen
eks- ex-
ekscit/i stimulate, excite
ekskurs/i make an excursion; ∼o excursion
eksped/i dispatch, send off
eksperiment/o experiment
eksplod/i explode *intr*
ekspluat/i exploit
eksport/i export
ekspozici/o exhibition
ekster outside; ∼e outside
ekstrem/a extreme
ekvator/o equator
ekvilibr/o equilibrium, balance
ekzakt/a exact
ekzamen/i examine; ∼o exam
ekzekut/i execute (kill a prisoner)
ekzempl/o example
ekzempler/o copy (of book, etc)
ekzerc/i exercise
ekzist/i exist
el out of
elast/a elastic
elefant/o elephant
elegant/a elegant
elekt/i choose; elect
elektr/o electricity
elektronik/o electronics
element/o element
-em/a *denotes tendency, inclination*; labor∼a hardworking
emajl/o enamel
embaras/o embarrassment; difficulty
emerit/o pensioner; ∼a retired
eminent/a eminent, distinguished
emoci/o emotion
en in, into; ∼e inside
-end/a *denotes obligation*; pag∼a payable
energi/o energy
enigm/o enigma, puzzle
enket/i investigate
entrepren/i undertake
entuziasm/o enthusiasm
enu/i feel bored
envi/i envy
epidemi/o epidemic
epok/o epoch, age, period
-er/o *denotes particle, component*; mon∼o coin
erar/i make a mistake, be wrong
erinac/o hedgehog
escept/i exclude, exempt; ∼e except, apart from; sen∼e without exception
esenc/o essence
eskap/o escape
esper/i hope
Esperant/o Esperanto
esplor/i explore, study, investigate
esprim/i express
est/i be; ∼igi bring about; ∼onteco future
establ/i establish
estim/i esteem, think highly of
esting/i extinguish
eston/o Estonian; ∼io Estonia
-estr/o *denotes leader*; urb∼o mayor
-et- *denotes*

diminutive; **mont**~**o** hill
etaĝ/o storey, floor
etap/o stage, step
etat/o statement, returns
etend/i spread *tr*, extend *tr*
etern/a eternal
eŭr/o euro (money)
Eŭrop/o Europe
event/o event
eventual/a any, possible
evident/a obvious, evident
evit/i avoid
evolu/i develop *intr*, evolve
fab/o bean
fabel/o fairytale
fabrik/o factory
fac/o face (of object)
facil/a easy; ~**igi** facilitate
faden/o thread
fag/o beech
fajf/i whistle
fajr/o fire
fak/o compartment; department; subject (of study); ~**ulo** specialist
faks/i fax
fakt/o fact; ~**e** in fact
fal/i fall
falĉ/i mow
fald/i fold
fals/i falsify, forge; ~**a** fake, false

fam/a famous
famili/o family
familiar/a familiar (informal)
fand/i melt *tr*
fanfaron/i boast, brag
fantazi/o fantasy; imagination
fantom/o ghost
far/i do, make
farb/o paint; ~**i** paint (coat with paint)
farm/i lease out
fart/i fare, be; **kiel vi** ~**as?** how are you?
farun/o flour
fasad/o façade
fask/o bundle
fason/o design, cut
fast/i fast (not eat)
faŭk/o mouth (of animal)
favor/a favourable, advantageous
fazeol/o bean, haricot
fe/o fairy
febr/o fever
februar/o February
feĉ/o dregs; sludge
federaci/o federation
fel/o hide, skin
feliĉ/a happy
felt/o felt (material)
fend/i crack, fissure
fenestr/o window
fenomen/o phenomenon
fer/o iron (metal)

feri/o holiday
ferm/i shut *tr*, close *tr*; **mal**~**i** open *tr*; **ne**~**ita** open
fervor/a fervent, zealous
fest/i celebrate; ~**o** party (festivity)
festen/i feast
fi! shame!; ~**a** shameful; ~**komerco** shady business
fianĉ/o fiancé
fid/i trust; ~**inda** reliable
fidel/a faithful
fier/a proud
fig/o fig
figur/o figure, form
fikci/o fiction
fiks/i fix (fasten); ~**a** fixed
fil/o son; ~**ino** daughter
film/o film
fin/i finish *tr*; ~**o** end
financ/o finance
fingr/o finger
finn/o Finn; ~**lando** Finland
firm/a firm, solid
firma/o company, firm
fiŝ/o fish
fizik/o physics
flag/o flag (banner)
flagr/i flare, flare up
flam/o flame
flank/o side
flar/i smell *tr*

flat/i flatter
flav/a yellow
fleg/i nurse (care for sick); ~**ist(in)o** nurse
fleks/i bend *tr*
flik/i patch, mend
flirt/i flutter
flor/o flower
flos/o raft; ~**i** float
flu/i flow
flug/i fly
fluid/o fluid
flustr/i whisper
foir/o fair, market
foj/o time (occasion); **re**~**e** again; **du**~**e** twice (two times); **kelk**~**e** sometimes
fojn/o hay
foli/o leaf; sheet (of paper)
fond/i found (establish)
font/o spring; source
fontan/o fountain
for away, off; ~**esti** be absent; ~**iri** go away
forges/i forget
forĝ/i forge (work metal)
fork/o fork
form/o form, shape; **re**~**i** reform
formik/o ant
formul/o formula
forn/o stove, furnace
fort/a strong
fortik/a robust, sturdy

fos/i dig; ~**o** ditch; ~**ilo** spade
fost/o post (upright timber)
fot/i photograph; ~**ilo** camera
fotel/o arm-chair
fotograf/i photograph
frag/o strawberry
frakas/i shatter, smash
framb/o raspberry
franc/o Frenchman; ~**io** France
frand/i relish
frap/i hit, tap
frat/o brother
fraŭl/o bachelor; ~**ino** Miss
fraz/o sentence
fremd/a foreign; ~**ulo** stranger
frenez/a mad, insane
freŝ/a fresh, new
fripon/o rogue, crook
frit/i fry; **terpom**~**oj** chips
friz/i dress hair; ~**isto** hairdresser
fromaĝ/o cheese
front/o frontage, front
frost/o frost
frot/i rub
fru/a early; ~**matene** early in the morning
frukt/o fruit
frunt/o forehead

fuĝ/i flee, run away
fulg/o soot
fulm/o lightning
fum/o smoke
fund/o bottom
fundament/o foundation
funebr/o mourning
funel/o funnel
fung/o fungus
funkci/o function
funt/o pound (weight)
furaĝ/o fodder; ~**i** forage
furioz/a furious, raging
fuŝ/i bungle; ~**a** very bad
fut/o foot (length)
gaj/a gay, merry
gajn/i gain, earn; win; **mal**~**i** lose
gal/o bile, gall
gant/o glove
garaĝ/o garage
garanti/i guarantee
gard/i guard; keep; **sin**~**a** careful
garn/i fit out
gas/o gas
gast/o guest
gazet/o magazine, periodical
ge- *denotes both sexes*; ~**patroj** parents
gelaten/o gelatine
generaci/o generation
general/o general

(military)
geni/o genius (ability); **~ulo** genius (person)
gent/o tribe
genu/o knee
geografi/o geography
german/o German; **~io** Germany
gest/i gesture
giĉet/o ticket window
girland/o garland
glaci/o ice
glad/i iron; **~ilo** iron (smoothing iron)
glas/o glass (for drinking)
glat/a smooth
glav/o sword
glit/i glide, slide, slip
glob/o globe
glor/o glory
glu/o glue
glut/i swallow
golf/o gulf, bay; golf
gorĝ/o throat
graci/a graceful
grad/o degree; grade
grajn/o pip, seed, grain
gram/o gram
gramatik/o grammar
grand/a big, large; great; **mal~a** little, small
grandioz/a magnificent, splendid
gras/o fat, grease

grat/i scratch
gratul/i congratulate
grav/a important, serious
graved/a pregnant
greg/o flock, herd
grek/o Greek; **~io** Greece
gren/o corn, grain
grimac/i grimace
grimp/i climb
grinc/i grate, creak
grip/o influenza, flu
griz/a grey
Gronland/o Greenland
grot/o cave
gru/o crane
grumbl/i grumble
grund/o soil, earth
grup/o group
gudr/o tar
gum/o gum; eraser
gust/o taste; **~umi** taste *tr*
gut/o drop, drip
gvardi/o guard (military corps)
gvid/i guide
ĝarden/o garden
ĝem/i groan, moan
ĝemel/o twin
ĝen/i disturb, inconvenience
ĝendarm/o constable
ĝeneral/a general
ĝentil/a polite
ĝerm/o germ
ĝi it; **~a** its
ĝib/o hump
Ĝibraltar/o

Gibraltar
ĝis until, as far as
ĝoj/i be glad, rejoice
ĝu/i enjoy
ĝust/a right, correct; exact
ha! ah!
hajl/o hail
hak/i chop; **~ilo** axe
hal/o hall (large room)
halt/i stop *intr*
handikap/o handicap; **~ito** disabled person
hangar/o hangar
har/o a hair; **~oj** hair
haring/o herring
harmoni/o harmony
hast/i hurry *intr*
haŭt/o skin
hav/i have; **en~i** contain
haven/o port, harbour; **flug~o** airport
hazard/o chance, luck; **~a** random
he! hey!
heĝ/o hedge
hejm/o home; **~e** at home
hejt/i heat
hektar/o hectare
hel/a bright
helikopter/o helicopter
help/i help
hepat/o liver
herb/o grass

hered/i inherit
hero/o hero
herold/o herald
hezit/i hesitate
hieraŭ yesterday; **antaŭ~** the day before yesterday
higien/o hygiene
himn/o hymn, anthem
hind/o Indian; ~**io** India
hirund/o swallow
hispan/o Spaniard; ~**io** Spain
histori/o history; story
ho! oh!
hobi/o hobby
hodiaŭ today
hok/o hook
hom/o person, human
honest/a honest
Honkong/o Hong Kong
honor/o honour
hont/i be ashamed
hor/o hour
horde/o barley
horizont/o horizon
horizontal/o horizontal
horloĝ/o clock; watch
hospital/o hospital
hotel/o hotel
huf/o hoof
human/a humane
humid/a humid
humil/a humble

humor/o humour, mood
humur/o humour (wit)
hund/o dog
hungar/o Hungarian; ~**io** Hungary
ĥemi/o = kemio
ĥor/o choir, chorus
-i *ending of infinitive*
ia some kind of
ial for some reason
iam at some time, once, ever
-id/o *denotes offspring*; **ŝaf~o** lamb
ide/o idea
ideal/o ideal
ident/a identical
ie somewhere
iel somehow
ies someone's
-ig/i *denotes causation*; **blank~i** whiten *tr*; **bol~i** boil *tr*
ignor/i ignore
-iĝ/i *denotes becoming*; **pal~i** turn pale; **mov~i** move *intr*
-il/o *denotes tool*; **tranĉ~o** knife; ~**o** tool
ili they, them; ~**a** their
ilustr/i illustrate
imag/i imagine
imit/i imitate
imperi/o empire

impet/i leap, spring, shoot forwards
implik/i entangle; implicate
import/i import
impost/o tax
impres/o impression
impuls/o impulse, impetus
imun/a immune
-in/o *denotes female*; **vir~o** woman; **patr~o** mother; ~**o** female; ~**a** female
incit/i irritate; incite
-ind/a *denotes worthiness*; **laŭd~a** laudable
indiferent/a indifferent
indign/i be indignant; ~**a** indignant
indik/i indicate
individu/o individual
Indonezi/o Indonesia
indulg/i be lenient with
industri/o industry
infan/o child
infekt/i infect
infer/o hell
influ/i influence
inform/i inform; ~**o(j)** information
-ing/o *denotes holder*; **kandel~o** candlestick
inĝenier/o engineer
iniciat/i initiate *tr*, originate *tr*

injekt/i inject
ink/o ink
inklin/a disposed, inclined
inkluziv/i include
insekt/o insect
insid/i ensnare
insign/o badge
insist/i insist
inspektor/o inspector
inspir/i inspire
instal/i install
instanc/o authority (official body)
instig/i prompt, urge, impel, encourage
instinkt/o instinct
instru/i teach; ~**isto** teacher
instrument/o instrument (tool)
insul/o island
insult/i insult
-int- *past active participle*
intelekt/o intellect
inteligent/a intelligent
intenc/i intend
inter between, among; ~**nacia** international
interes/i interest; ~**iĝi pri** be interested in
intern/a internal
interpret/i interpret
intest/o intestine
intim/a intimate
inund/i flood *tr*

invalid/o invalid
invent/i invent
invit/i invite
io something
iom some, somewhat, a bit; ~**ete** a little bit; slightly
ir/i go; **re**~**i** return (go back)
Irak/o Iraq
Iran/o Iran
Irland/o Ireland; ~**ano** Irishman
ironi/o irony
-is *ending of past tense*
Island/o Iceland
-ism/o *denotes theory, system*; **protekt**~**o** protectionism
-ist/o *denotes person occupied with something*; **dent**~**o** dentist
-it- *past passive participle*
ital/o Italian; ~**io** Italy
iu someone
izol/i isolate; insulate
-j *ending of plural*
ja in fact, indeed
jak/o jacket
jam already
januar/o January
japan/o Japanese; ~**io** Japan
jar/o year; ~**cento** century

je *preposition with various meanings*; ~ **la kvara** at four o'clock
jen here is, here are, etc
jes yes
jogurt/o yoghurt
ju ... des ... the ... the ...; ~ **pli grande, des pli bone** the bigger the better
jubile/o jubilee
jug/o yoke
juĝ/i judge; **antaŭ**~**o** prejudice
juk/i itch *tr*
juli/o July
jun/a young; **mal**~**a** old (not young); ~**ulo** youth, young person
jung/i harness
juni/o June
jup/o skirt
jur/o law (legal system)
just/a just, fair
juvel/o jewel
ĵaluz/a jealous
ĵaŭd/o Thursday
ĵet/i throw
ĵur/i swear (take an oath)
ĵurnal/o newspaper; ~**isto** journalist
ĵus just, just now
kaban/o hut
kabinet/o study, office
kaĉ/o mush; mess;

aven~o porridge
kadavr/o corpse
kadr/o frame, framework
kaduk/a decrepit
kaf/o coffee
kaĝ/o cage
kahel/o tile; flagstone
kaj and: ~ ... ~ ... both ... and ...
kaj/o quay, platform
kajer/o exercise-book
kajut/o cabin
kaka/o cocoa
kakt/o cactus
kal/o callus
kaldron/o boiler
kalendar/o calendar
kalkan/o heel (of foot); ~**umo** heel (of shoe)
kalkul/i calculate, reckon
kalson/o underpants; **ban**~**o** swimming trunks
kalumni/i slander, libel
kalv/a bald
kamarad/o comrade
kamel/o camel
kamen/o fireplace, hearth
kamera/o camera (TV or cinema)
kamion/o lorry, truck
kamp/o field; ~**aro** countryside

Kanad/o Canada
kanal/o canal; channel
kandel/o candle
kandidat/o candidate
kant/i sing
kanzon/o song, ballad
kap/o head
kapabl/a capable, able
kapital/o capital (funds)
kapr/o goat
kapric/a capricious
kapt/i catch, capture
kar/a dear; ~**ul(in)o** darling
karaf/o carafe, decanter
karakter/o character (personality)
karb/o coal
kares/i caress, stroke
karn/o flesh
karnaval/o carnival
karot/o carrot
karp/o carp
kart/o card
karton/o cardboard
kartvel/o Georgian; ~**io** Georgia
kas/o till, checkout
kased/o cassette
kaserol/o saucepan
kasked/o peaked cap
kastel/o castle
kaŝ/i hide, conceal
kaŝtan/o chestnut
kat/o cat

katalog/o catalogue
katar/o catarrh
kategori/o category
katen/o fetter, shackle
kaŭĉuk/o rubber
kaŭz/o cause; ~**i** cause
kav/o cavity, hollow
kavern/o cave, cavern
kaz/o case (grammatical; legal; medical)
KD (kompakta disko) CD
ke that (conjunction)
kejl/o peg, plug
keks/o biscuit
kel/o cellar
kelk/aj some (a few)
kelner/o waiter
kemi/o chemistry
kern/o core, kernel
kest/o chest, box
kia what kind of
kial why; ~**o** reason (cause)
kiam when
kie where
kiel how; as
kies whose
kilogram/o kilogram
kilometr/o kilometre
kimr/o Welshman; ~**io** Wales
kin/o cinema (industry); ~**ejo** cinema (theatre)
kio what (thing)
kiom how much; ~**a**

horo? what time?
Kipr/o Cyprus
kirurg/o surgeon
kirurgi/o surgery
kis/i kiss
kitel/o overall, smock
kiu who, which
klaĉ/i gossip
klar/a clear; ~**igi** explain
klas/o class
klasik/a classic; classical
klav/o key (of keyboard); ~**aro** keyboard
kler/a cultured, educated; ~**igi** educate
klient/o client, customer
klimat/o climate
klin/i tilt, incline
kling/o blade
klinik/o clinic
klopod/i take steps, endeavour
klub/o club (society)
knab/o boy; ~**ino** girl
kned/i knead
kod/o code
kofr/o trunk
kok/o cock (bird)
koket/a coquettish
kokos/o coconut
kol/o neck; ~**umo** collar
kolbas/o sausage
koleg/o colleague
kolegi/o college
kolekt/o collection; ~**i** collect
kolektiv/a collective
koler/i be angry; ~**igi** anger
kolizi/i collide
kolomb/o pigeon
kolon/o pillar, column
kolonel/o colonel
kolor/o colour
kolumn/o column
kom/o comma
komand/i command
komb/i comb; ~**ilo** comb
kombin/i combine *tr*
komedi/o comedy
komenc/i begin *tr*; ~**iĝi** begin *intr*
koment/i comment
komerc/i trade; ~**o** business
komfort/a comfortable
komik/a funny, comical
komisar/o commissar
komisi/i commission, entrust
komision/o commission, subcommittee
komitat/o committee
kompani/o company
kompar/i compare
kompat/i pity
kompens/i compensate
kompetent/a competent
komplement/o complement
komplet/a complete
komplez/o kindness, favour
komplik/i complicate; ~**a** complicated
kompon/i compose
kompren/i understand; ~**eble** of course
kompromit/i compromise, jeopardise
komput/i compute; ~**ilo** computer
komun/a common; ~**umo** community
komunik/i communicate
kon/i know (be acquainted with); ~**ato** acquaintance; ~**atiĝi** become acquainted
koncentr/i concentrate *tr*
koncept/o concept
koncern/i concern
koncert/o concert
kondamn/i condemn
kondiĉ/o condition (stipulation)
konduk/i lead, bring, drive, conduct
kondut/i behave
konferenc/o conference
konfes/i confess

konfid/i entrust, confide
konfidenc/o confidence
konfirm/i confirm
konfit/i preserve (fruit, etc)
konfuz/i confuse
kongres/o congress
konjekt/i conjecture, guess
konklud/i conclude, infer
konkord/o concord
konkur/i compete
konkurs/o competition
konsci/i be aware; ~**a** aware, conscious
konscienc/o conscience
konsekvenc/o consequence
konsent/i agree, consent
konserv/i keep; preserve
konsider/i consider
konsil/i advise
konsist/i consist; ~**igi** constitute
konsol/i console, comfort
konstant/a constant, permanent
konstat/i establish, ascertain
konstituci/o constitution
konstru/i build; ~**aĵo** building

konsul/o consul
konsult/i consult
konsum/i consume; use up
kont/o account
kontakt/o contact
kontant/a ready (money); ~**e** in cash
kontent/a satisfied, pleased, content
kontest/i contest
kontrakt/i make a contract; ~**o** contract
kontraŭ against; ~**stari** oppose; ~**ulo** opponent
kontribu/i contribute
kontrol/i check, verify
konven/a suitable, appropriate
konversaci/i converse; ~**o** conversation
konvink/i convince
kopi/o copy; ~**i** copy
kor/o heart
korb/o basket
kord/o string (of violin, etc)
kore/o Korean; ~**io** Korea
korekt/i correct
korespond/i correspond (by mail)
koridor/o corridor
kork/o cork
korn/o horn
kornik/o hooded crow

korp/o body
kort/o court, courtyard; ~**umo** court (law)
korv/o crow; raven
kosm/o cosmos, space
kost/i cost; **multe**~**a** expensive
kostum/o dress, costume
kot/o mud
kotiz/i subscribe, pay a subscription; ~**o** subscription
koton/o cotton
kovert/o envelope
kovr/i cover
kraĉ/i spit
krad/o grating, grid
krajon/o pencil
kran/o tap
krani/o skull
kravat/o tie (necktie)
kre/i create
kred/i believe
kredit/o credit
krem/o cream
krepusk/o twilight
kresk/i grow *intr*
krest/o crest
kret/o chalk
krev/i burst *intr*
kri/i cry, shout
krim/o crime; ~**ulo** criminal
kripl/a crippled, disabled
kristal/o crystal
kritik/i criticise
kriz/o crisis

kroat/o Croatian; ~**io** Croatia
kroĉ/i hook, hang up
krokodil/o crocodile
krom besides, apart from
kron/o crown
kruc/o cross
kruĉ/o jug
krud/a raw; rough
kruel/a cruel; fierce
krur/o leg
krust/o crust
krut/a steep
ktp (kaj tiel plu) etc
kub/o cube; ĵet~**o** dice
Kub/o Cuba
kubut/o elbow
kudr/i sew
kugl/o bullet
kuir/i cook; ~**ejo** kitchen
kuk/o cake
kukol/o cuckoo
kukum/o cucumber
kukurb/o pumpkin
kul/o gnat
kuler/o spoon
kulp/a guilty; ~**o** blame; ~**igi** accuse, blame; **sen**~**a** innocent
kult/o cult; worship
kultur/i cultivate; ~**o** culture
kun with; ~**e** together
kunikl/o rabbit
kupon/o coupon
kupr/o copper

kur/i run
kurac/i treat medically; ~**isto** doctor (medical)
kuraĝ/a brave, courageous
kurb/o curve
kurent/o current (electrical)
kurioz/a curious (strange)
kurs/o course
kurten/o curtain
kusen/o cushion
kuŝ/i lie (be horizontal)
kutim/o custom, habit
kuv/o tub, vat
kuz/o cousin (male); ~**ino** cousin (female)
kvadrat/o square (shape)
kvalit/o quality
kvankam although
kvant/o quantity, amount
kvar four
kvartal/o quarter, district
kvazaŭ as if, as though
kverel/i quarrel
kverk/o oak
kviet/a quiet, calm
kvin five
kvitanc/o receipt
kviz/o quiz
la the
labor/i work, job;

kun~**i** collaborate, cooperate
laboratori/o laboratory
lac/a tired; ~**igi** tire
lacert/o lizard
laĉ/o lace (of shoe)
lad/o sheet-metal
lag/o lake
lak/o lacquer
lakt/o milk
lam/a lame
lamen/o lamina, thin plate
lamp/o lamp
lan/o wool
land/o country (nation); ~**limo** border (national)
lang/o tongue
lantern/o lantern
lard/o bacon
larĝ/a broad, wide
larm/o tear (of eye)
larv/o larva, grub
las/i leave; let
last/a last, latest; ~**atempa** recent
latitud/o latitude (geographical)
latun/o brass
latv/o Latvian; ~**io** Latvia
laŭ according to; along
laŭb/o bower, arbour
laŭd/i praise; ~**inda** laudable
laŭt/a loud; ~**e** aloud
lav/i wash

lecion/o lesson
led/o leather
leg/i read
legom/o vegetable (food)
leĝ/o law (legislation); **laŭ~a** legal (not illegal); **kontraŭ~a** illegal
lek/i lick
lekci/o lecture
leon/o lion
lepor/o hare
lern/i learn; **~ejo** school
lert/a skilful, clever
lesiv/o detergent
leter/o letter (correspondence)
leŭtenant/o lieutenant
lev/i lift, raise
li he, him; **~a** his
liber/a free; **mal~ejo** prison
libr/o book
lice/o secondary school
licenc/o licence
lift/o lift (elevator)
lig/i connect, tie, bind, link, join; **~o** league; connection
lign/o wood (material)
likv/o liquid
lili/o lily
lim/o limit; **~igi** limit, restrict
limak/o slug
lin/o flax

lingv/o language
lini/o line
lip/o lip
list/o list; **~igi** list
lit/o bed; **en~iĝi** go to bed
liter/o letter (of alphabet)
literatur/o literature
litov/o Lithuanian; **~io** Lithuania
litr/o litre
liver/i supply, deliver
log/i entice, lure; **al~a** attractive
logik/o logic
loĝ/i live, dwell; **~ejo** flat, lodgings; **~antaro** population, inhabitants
lojal/a loyal
lok/o place, locality; **~a** local
lokomotiv/o locomotive
long/a long; **antaŭ ne~e** recently
longitud/o longitude
lot/o lot (something assigned by chance)
lu/i rent (from somebody), hire; **~igi** rent (to somebody), hire
lubrik/i lubricate
lud/i play; **~o** game
luk/o skylight; porthole
luks/o luxury
Luksemburg/o Luxembourg

lukt/i wrestle, struggle
lul/i lull *tr*
lum/i shine *intr*; **~o** light; **mal~a** dark
lun/o moon
lund/o Monday
lup/o wolf
maĉ/i chew
magazen/o shop, store; magazine (of gun, etc)
magazin/o magazine (illustrated)
maiz/o maize, corn
maj/o May
majest/a majestic
majstr/o master (of art or profession)
majuskl/o capital (upper-case letter)
makedon/o Macedonian; **~io** Macedonia
maksimum/o maximum
makul/o stain, spot; **sen~a** immaculate
mal- *denotes direct opposite*; **~bona** bad
maleol/o ankle
malgraŭ despite
malic/a malicious
mam/o breast; udder; **~ulo** mammal
man/o hand
mandat/o mandate
manĝ/i eat; **~o** meal; **~ajo** food
manier/o way,

manner
manik/o sleeve
manipul/i manipulate
mank/i be lacking, be missing; ~**o** lack
manovr/i manoeuvre
mantel/o coat; cloak
map/o map
mar/o sea
marĉ/o marsh
mard/o Tuesday
mark/o mark, make; **poŝt**~**o** stamp (postage)
marmelad/o jam, marmalade
marŝ/i walk; march
mart/o March
martel/o hammer
mas/o mass (measurement)
mason/i do mason's work; ~**isto** mason
mast/o mast
mastr/o master (boss); ~**umi** manage a household
maŝin/o machine
mat/o mat
matematik/o mathematics
maten/o morning
materi/o matter (material)
material/o material
matrac/o mattress
matur/a ripe; mature
mebl/o piece of furniture
medi/o environment

medicin/o medicine
medikament/o medicament, medicine
medit/i meditate
Mediterane/o Mediterranean
meĥanik/o = **mekaniko**
meĥanism/o = **mekanismo**
mejl/o mile
mekanik/o mechanics
mekanism/o mechanism
melk/i milk
melon/o melon
mem *denotes -self, -selves*; **mi** ~ I myself
membr/o member
memor/i remember
menci/i mention
mend/i order (make request for)
mens/o mind
mensog/i lie (tell a lie); ~**o** lie
menton/o chin
menu/o menu
merit/i deserve
merkred/o Wednesday
mesaĝ/o message
met/i put, place
metal/o metal
meti/o handicraft, trade
metod/o method
metr/o metre

mez/o middle; ~**nombro** average
mezur/i measure
mi I, me; ~**a** my
miel/o honey
mien/o expression (on face)
migr/i migrate
mikrofon/o microphone
miks/i mix; ~**aĵo** mixture
mil thousand
mild/a mild, gentle
miliard/o milliard, thousand million
milimetr/o millimetre
milion/o million
milit/i wage war; ~**o** war
min/o mine
minac/i threaten
mineral/o mineral
minimum/o minimum
ministeri/o ministry (government)
ministr/o minister (government); ~**ejo** ministry (government); **ĉef**~**o** prime-minister
minus minus
minuskl/o lower-case letter
minut/o minute
mir/i wonder, be amazed, marvel; ~**inda** wonderful

mis- mis-; ~**uzi** misuse
mister/o mystery
mistifik/i hoax, fool
mizer/o misery, poverty
mod/o fashion, vogue
model/o model
moder/a moderate; ~**igi** moderate
modern/a modern
modest/a modest
modif/i modify
mok/i mock
mol/a soft; **mal**~**a** hard (durable)
moment/o moment
mon/o money; ~**ero** coin; ~**ujo** purse, wallet
monat/o month
mond/o world
monstr/o monster
mont/o mountain; ~**eto** hill
montr/i show; ~**iĝi** appear (be seen)
monument/o monument
mor/o habit, custom
moral/o morals
mord/i bite
morgaŭ tomorrow; **post**~ the day after tomorrow
mort/i die; ~**igi** kill; ~**inta** dead
moskit/o mosquito
moŝt *honorific title*
motiv/o reason, motive
motor/o motor, engine
mov/i move *tr*; ~**iĝi** move *intr*
muel/i grind, mill
muĝ/i roar, bellow
mult/a much; many
multiplik/i multiply *tr*
munt/i erect, assemble
mur/o wall
murd/i murder
murmur/i murmur
mus/o mouse
musk/o moss
muskol/o muscle
muŝ/o fly (insect)
mut/a dumb; mute
muze/o museum
muzel/o snout, muzzle
muzik/o music; ~**ilo** instrument (musical)
-n *ending of accusative*
naci/o nation; ~**ismo** nationalism
nadl/o needle
naĝ/i swim
naiv/a naive
najbar/o neighbour
najl/o nail (for woodwork)
najtingal/o nightingale
nask/i give birth to; ~**iĝi** be born
natur/o nature
naŭ nine

naŭz/i nauseate
naz/o nose
ne no, not
nebul/o fog
neces/a necessary; ~**ejo** toilet, lavatory
Nederland/o Netherlands
neglekt/i neglect
neĝ/o snow
nek neither, nor
nenia no kind of
nenial for no reason
neniam never
nenie nowhere
neniel in no way
nenies no one's
nenio nothing
neniom not a bit
neniu nobody
nep/o grandson
nepr/a unavoidable; ~**e** definitely (without fail)
nerv/o nerve
nervoz/a nervous
nest/o nest
net/o fair copy; ~**a** neat, clear-cut; **mal**~**o** draft (preliminary version)
nev/o nephew
ni we, us; ~**a** our
nigr/a black
nilon/o nylon
nivel/o level
-nj/o *forms female pet-names from truncated root*;
pa~**o** mummy;

Ma~o Mandy
nobl/a noble
nod/o knot; node
nokt/o night; **tra~i** pass the night
nom/o name
nombr/o number (quantity); **~i** count *tr*
nord/o north
norm/o standard
normal/a normal, standard
norveg/o Norwegian; **~io** Norway
not/o note; mark (grade), grade
nov/a new; **de~e** again; **mal~a** old
Nov-Zeland/o New Zealand
novembr/o November
nu well, now
nub/o cloud
nud/a naked, bare
nuk/o nape
nuks/o nut
nul nought, zero
numer/o number (of house, ticket, etc)
nun now (at present); **~tempe** at present
nur only; **~a** mere
nutr/i nourish, feed
-o *ending of noun*
obe/i obey
objekt/o thing, object
-obl/a *denotes multiple*; **du~a** double
oblikv/a slanting
observ/i observe
obstakl/o obstacle
obstin/a obstinate
ocean/o ocean
odor/i smell *intr*
ofend/i offend
ofer/i sacrifice
ofert/i offer, bid
ofic/o employment, post; **~ejo** office
oficial/a official
oficir/o officer
oft/a frequent, common; **~e** often
ok eight
okaz/i happen, occur; **~aĵo** occurrence; **~o** case (event); opportunity
okcident/o west
oktobr/o October
okul/o eye; **~vitroj** glasses (spectacles)
okup/i occupy; keep busy; **~ita** busy
ol than
ole/o oil
oliv/o olive
ombr/o shadow; shade
ombrel/o umbrella
-on/a *denotes fraction*; **du~o** half
ond/o wave; **mikro~a forno** microwave oven
oni one, people, they; **~a** one's; **~diro** rumour, hearsay
onkl/o uncle; **~ino** aunt
-ont- *future active participle*
-op/a *denotes collective numeral*; **du~e** as a pair, by twos
oper/o opera
operaci/i operate; **~o** operation
opini/i think (have an opinion); **~o** opinion
opon/i oppose
oportun/a convenient, handy
opozici/i be in opposition; **~o** opposition (political)
or/o gold
oranĝ/o orange; **~(kolor)a** orange
orator/o orator
ord/o order, arrangement; **~igi** arrange, put in order
ordinar/a ordinary
ordon/i order, command
orel/o ear
orf/o orphan
organ/o organ
organiz/i organise; **~aĵo** organisation
orient/o east
origin/o origin; **~a** original (earliest)
original/o original; **~a** original (not a

copy)
orkestr/o orchestra
ornam/i adorn, decorate
ort/o right-angle
ortografi/o orthography, spelling
-os *ending of future tense*
osced/i yawn
ost/o bone
-ot- *future passive participle*
ov/o egg
oval/o oval
pac/o peace
pacienc/o patience
Pacifik/o Pacific Ocean
paĉj/o daddy
paf/i shoot, fire
pag/i pay; **sen~a** free (gratis)
paĝ/o page (of book)
pajl/o straw
pajnt/o pint
pak/o packet, parcel
pal/a pale
palac/o palace
palat/o palate
palis/o stake (post)
palm/o palm (tree)
palp/i feel (by touch)
palpebr/o eyelid; **~umi** blink
palt/o coat, overcoat
pan/o bread
pane/o breakdown
panj/o mummy
pantalon/o trousers

pantofl/o slipper
pap/o pope
papag/o parrot
paper/o paper
papili/o butterfly
par/o pair, couple
paradiz/o paradise
paralel/o parallel
paraŝut/o parachute
pardon/i forgive, pardon
parenc/o relative, relation
parfum/o perfume
park/o park
parlament/o parliament
parol/i speak, talk
part/o part
parti/o party (faction); match (game)
pas/i pass *intr*; **~inteco** past
pasaĝer/o passenger
paser/o sparrow
pasi/o passion
Pask/o Easter; Passover
pasport/o passport
past/o paste; dough
pastr/o priest
paŝ/i step, stride; **~o** step
paŝt/i pasture
pat/o frying-pan
patr/o father; **~ino** mother
patron/o patron
paŭz/i pause
pav/o peacock

pec/o piece, bit
pejzaĝ/o landscape
pek/i sin
pekl/i pickle
pel/i drive, propel
pelt/o fur
pen/i endeavour, try
penc/o penny
pend/i hang *intr*; **~igi** hang; **~umi** hang (execute); **de~i** depend; **sende~a** independent
pendol/o pendulum
penetr/i penetrate
penik/o paint-brush
pens/i think; **pri~i** consider, think about
pensi/o pension
pent/i repent
pentr/i paint (make a painting)
per with (by means of)
perd/i lose
pere/i perish
perfekt/a perfect
perfid/i betray
period/o period
perl/o pearl
permes/i permit, allow; **mal~i** forbid
peron/o perron; platform
persekut/i pursue; persecute; prosecute
persik/o peach
persist/i persist; persevere
person/o person;

personality
pes/i weigh *tr*
pet/i ask for, request
petol/i frolic, play pranks
petrol/o petroleum
pez/a heavy; ~**i** weigh *intr*
pi/a devout
pian/o piano
pic/o pizza
pice/o spruce (tree)
pied/o foot (of body); ~**iri** walk *intr*
pig/o magpie
pigr/a lazy
pik/i prick, sting
pil/o battery (electric cell)
pilk/o ball (for games)
pilot/o pilot
pin/o pine
pinĉ/i pinch, nip
pingl/o pin
pint/o tip, point, apex
pioĉ/o pickaxe
pionir/o pioneer
pip/o pipe (for tobacco)
pipr/o pepper
pir/o pear
piz/o pea
plac/o square (in town)
plaĉ/i please
plad/o dish, platter
plafon/o ceiling
plag/o calamity, scourge
plan/o plan
pland/o sole (of foot); ~**umo** sole (of shoe)
planed/o planet
plank/o floor (ground)
plant/o plant
plast/o plastic (material)
plast/o plastic
plat/a flat, plane
plej most; **mal**~ least
plekt/i weave, plait
plen/a full; ~**umi** fulfil
plend/i complain
plet/o tray
plezur/o pleasure
pli more; ~**igi** increase *tr*; ~**grandigi** enlarge *tr*; **mal**~ less
plonĝ/i dive, plunge *intr*
plor/i cry, weep
plu further, longer
plug/i plough
plum/o feather; pen
plumb/o lead (metal)
plur/aj several
plural/o plural
plus plus
pluv/o rain; ~**i** rain
po at the rate of
poem/o poem
poet/o poet
poezi/o poetry
pol/o Pole; ~**lando** Poland
polic/o police; ~**ano** policeman
politik/o politics; policy; ~**isto** politician
polur/o shine, lustre; ~**i** polish
polv/o dust
pom/o apple; **ter**~**o** potato
pont/o bridge
popol/o people (populace)
popular/a popular
por for
porcelan/o china (porcelain)
porci/o portion
pord/o door, gate
pork/o pig (animal)
port/i carry; wear
portret/o portrait
portugal/o Portuguese; ~**io** Portugal
posed/i own, possess; ~**aĵo** possession
post after; ~ **tri tagoj** in three days (time)
posten/o station, post
postul/i require, demand
poŝ/o pocket
poŝt/o post, mail; ~**karto** postcard; ~**marko** stamp (postage)
pot/o jug, pot, jar

potenc/o power
pov/i be able, can
pozici/o position
pra- *denotes primordiality*; ~**avo** great-grandfather; ~**nepo** great-grandson
praktik/o practice (praxis); ~**i** practise (put into practice); ~**a** practical
prav/a right (in opinion)
precip/a main, principal
preciz/a precise; accurate
prefer/i prefer; ~**inda** preferable
preĝ/i pray; ~**ejo** church (building)
preleg/i lecture
prem/i press
premi/o prize
pren/i take
prepar/i prepare
prepozici/o preposition
pres/i print; ~**ilo** printer (computer)
preskaŭ almost, nearly
preskrib/i prescribe
pret/a ready
pretekst/o pretext, excuse
pretend/i claim, presume to
preter beyond
prez/o price

prezent/i present
prezid/i preside; ~**anto** chairman, president
pri concerning, about; ~**skribi** describe
princ/o prince
princip/o principle
printemp/o spring (season)
privat/a private
pro owing to, on account of
probabl/a probable
problem/o problem
proced/i proceed
procent/o percentage
proces/o lawsuit
produkt/o product; ~**i** produce
profesi/o profession
profesor/o professor
profet/o prophet
profit/o profit; **mal**~**o** loss (financial)
profund/a deep
prognoz/o forecast
program/o programme; program
progres/i progress; ~**o** progress
projekt/o project
prokrast/i delay
proksim/a near, nearby; ~**iĝi** approach; ~**uma** approximate
prolet/o proletarian

promen/i walk (for pleasure)
promes/i promise
pronom/o pronoun
prononc/i pronounce
propagand/i spread, promote, propagate
propon/i propose, offer, suggest
propozici/o proposition; clause (grammar)
propr/a own (one's own); ~**aĵo** property, peculiarity
prosper/i prosper
protekt/i protect
protest/i protest
prov/i try, attempt; try out, test
proverb/o proverb
provinc/o province
proviz/o provision, supply; ~**i** provide
provok/i provoke
proz/o prose
prudent/a sensible, reasonable
prun/o plum
prunt/o loan; ~**i** borrow; lend; ~**epreni** borrow; ~**edoni** lend
pruv/i prove
psikologi/o psychology
publik/o public; ~**a** public
pudr/o powder (cosmetic)
pugn/o fist

pulm/o lung
pulv/o gunpowder
pulvor/o powder
pump/i pump
pun/i punish; **mon**~**o** fine (punishment)
pund/o pound (money)
punkt/o point (dot; in space; in time; question)
punt/o lace (fabric)
pup/o doll
pupil/o pupil (of eye)
pur/a pure; clean; ~**igi** clean, purify; **mal**~**iĝi** get dirty
pus/o pus
puŝ/i push
put/o well
putr/i rot *intr*, putrefy
rab/i rob, plunder
rabat/o rebate, discount
raci/o reason (logical faculty)
rad/o wheel
radi/o beam, ray; radio; ~**ostacio** radio station
radiator/o radiator
radik/o root
rajd/i ride (on horse, bicycle, etc)
rajt/o right, authority; ~**i** be entitled to
rakont/i tell (narrate)
ramp/i crawl, creep

ran/o frog
rand/o edge, rim
rang/o rank, grade
rapid/a quick, rapid, fast
raport/i report
rat/o rat
raŭk/a hoarse
raŭp/o caterpillar
rav/i delight *tr*
raz/i shave *tr*; **sin** ~**i** shave
re- *denotes repetition or return;* ~**komenci** begin again; ~**veni** return *intr*
reakci/o reaction (political; chemical)
real/a real
recenz/i review (book, etc)
recept/o recipe; prescription
reciprok/a mutual
redakci/o editorial department
redakt/i edit
redaktor/o editor (journalist)
redukt/i reduce *tr*
reflekt/i reflect (light, etc)
reg/i rule, govern, control; ~**istaro** government
regal/i entertain, treat
regiment/o regiment
region/o area, region
registr/o register,
record; ~**i** register, record
regn/o state, realm
regul/o rule
reĝ/o king
reĝim/o regime
reĝisor/o director (of film)
reklam/i advertise
rekomend/i recommend
rekompenc/o reward
rekord/o record (unexcelled performance)
rekt/a straight; direct
rel/o rail
relativ/a relative
religi/o religion
rem/i row
ren/o kidney
rendevu/o rendez-vous, appointment
renkont/i meet *tr*, encounter; ~**iĝi** meet *intr*
rent/o income (unearned)
renvers/i overturn, overthrow
reprezent/i represent
respekt/i respect
respond/i reply, answer
respublik/o republic
rest/i remain, stay; ~**o** rest, remainder
restoraci/o restaurant
resum/o summary

ret/o net; network
rev/i dream (wish)
revizi/i revise; audit
revoluci/i revolt; ~o revolution (revolt)
revu/o review, journal
rezerv/o reserve
rezign/i forgo, renounce, give up
rezist/i resist
rezon/i reason (argue)
rezult/i result, follow; ~o result
rib/o currant
ribel/i rebel; mutiny
ricev/i obtain, get, receive
riĉ/a rich; mal~a poor
rid/i laugh; ~eti smile
rifuĝ/i take refuge, shelter *intr*; ~into refugee
rifuz/i refuse
rigard/i look at; deem, consider
rigid/a rigid, stiff
rikolt/i harvest, reap
rilat/i relate
rim/o rhyme
rimark/i notice; ~inda remarkable
rimed/o means, resource; **mon**~oj financial resources
rimen/o strap
ring/o ring
rip/o rib

ripar/i repair, mend
ripet/i repeat
ripoz/i repose, rest
riproĉ/i reproach, tell off
risk/i risk, hazard
ritm/o rhythm
rivel/i develop (photo); reveal
river/o river
riverenc/i bow, curtsey
riz/o rice
rob/o robe; gown; dress
rok/o rock
rol/o rôle
roman/o novel
romp/i break *tr*; ~iĝi break *intr*; **inter**~i interrupt
rond/o round, ring, circle; ~a round
ronk/i snore
ros/o dew
rost/i roast
roz/o rose
ruband/o ribbon
ruĝ/a red
ruin/o ruin
rul/o roller, roll; ~i roll *tr*; ~iĝi roll *intr*
ruman/o Romanian; ~io Romania
rus/o Russian; ~io Russia
rust/o rust
ruz/a cunning, crafty
sabat/o Saturday
sabl/o sand
sag/o arrow

sagac/a astute, shrewd
saĝ/a wise
sak/o sack
sal/o salt
salajr/o salary, wages
salat/o salad
sald/o balance (of account)
salik/o willow
salon/o lounge, saloon
salt/i leap, jump
salut/i salute, greet; ~on! hullo!
sam/a same; ~opinii agree (have same opinion); **mal**~a different
san/a healthy, well; **mal**~a ill, sick; **mal**~ulejo hospital
sandviĉ/o sandwich
sang/o blood
sankt/a holy; ~ulo saint
sap/o soap
sark/i weed
sat/a full (not hungry); **mal**~a hungry
satir/o satire
saŭc/o sauce
Saŭda Arabio Saudi Arabia
sav/i save, rescue
scen/o scene
sci/i know (a fact); ~vola inquisitive, curious

scienc/o science
sciur/o squirrel
se if
sed but
seg/i saw; ~**ilo** saw
seĝ/o seat, chair
sek/a dry; **mal**~**a** wet
sekal/o rye
sekc/i dissect
sekci/o section
sekret/o secret
sekretari/o secretary
seks/o sex
sekund/o second
sekur/a safe
sekv/i follow
sem/o seed
semajn/o week; ~**fino** weekend
sen without; ~**pera** direct
senat/o senate
senc/o sense (meaning); **sen**~**a** senseless
send/i send
sens/o sense (faculty)
sent/i feel (sentiments); **kun**~**i** sympathise
sep seven
septembr/o September
serb/o Serb; ~**io** Serbia
serĉ/i look for, seek
seren/a serene, calm
seri/o series
serioz/a serious
serpent/o snake

serur/o lock
serv/i serve
ses six
sever/a severe, strict
sezon/o season
si *reflexive pronoun*; **li vidas** ~**n** he sees himself
sid/i sit (be sitting); ~**iĝi** sit down
sign/o sign, token
signal/o signal
signif/i mean, signify
silent/i be silent; ~**ema** taciturn
silk/o silk
simi/o monkey; ape
simil/a like, similar
simpati/o liking, fellow-feeling
simpl/a simple
sin/o bosom; lap
sincer/a sincere
sindikat/o union (trade union)
singular/o singular
sinjor/o gentleman, Mr; ~**ino** lady, Mrs
sistem/o system
sitel/o bucket
situ/o site, situation
situaci/o situation (state of affairs)
skal/o scale (measure)
skatol/o box, case, tin, can
ski/o ski
sklav/o slave
skorpi/o scorpion
skot/o Scotsman;

~**lando** Scotland
skrap/i scrape
skrib/i write
sku/i shake *tr*
skulpt/i sculpt, carve
sled/o sledge
slovak/o Slovakian; ~**io** Slovakia
sloven/o Slovenian; ~**io** Slovenia
sobr/a temperate, sober
soci/o society (community)
social/a social, welfare
societ/o society (association)
sof/o sofa
soif/i be thirsty; ~**a** thirsty
sojl/o threshold
sol/a lone, alone, only, sole; ~**eca** lonely
soldat/o soldier
solen/a solemn
solid/o solid
solidar/a jointly responsible, interdependent
solv/i solve, resolve; dissolve
somer/o summer
son/i sound *intr*; ~**o** sound
sonĝ/i dream (in sleep)
sonor/o sound, ringing; ~**ilo** bell
sopir/i yearn, long

for
sorb/i absorb
sorĉ/i bewitch
sort/o lot, destiny, fate
sovaĝ/a wild; savage
Sovet-Uni/o Soviet Union
spac/o space
spec/o kind, sort, variety
special/a special; ~**e** especially
specimen/o specimen, sample
spegul/o mirror
spektakl/o spectacle, show
spert/a experienced, expert; ~**ulo** expert
spez/i spend or receive money; **en**~**o** income; **el**~**i** spend (pay money)
spic/o spice, seasoning
spik/o ear (of corn)
spinac/o spinach
spir/i breathe
spirit/o spirit
spit/i defy
split/o splinter
spong/o sponge
sport/o sport
sprit/a witty
spur/o trace, trail
staci/o station; ~**domo** station (building)
stadi/o stage (of development)
stadion/o stadium
stal/o stall, shed, stable
stamp/o mark, stamp
stan/o tin (element)
standard/o banner
stang/o rod, pole
star/i stand; ~**igi** set up; establish; **el**~**a** outstanding, prominent
start/i start *intr*
stat/o state, condition
statu/o statue
statur/o stature
stel/o star
sterk/o dung, manure
stern/i lay out, spread
stil/o style
stomak/o stomach
strang/a odd, strange, peculiar
strat/o street
streb/i strive
streĉ/i stretch; wind up; **mal**~**iĝi** relax *intr*
strek/o stroke, line; **sub**~**i** underline; **tra**~**i** cross out
stri/o stripe, band, strip
strig/o owl
strik/i strike (of workers)
struktur/o structure
strut/o ostrich
stud/i study
student/o student
stult/a stupid
stump/o stump, stub
sub under; ~**skribi** sign
subit/a sudden; ~**e** suddenly
subjekt/o subject
substanc/o substance
substantiv/o noun
subtil/a subtle; fine
subtrah/i subtract
subvenci/i subsidise
suĉ/i suck
sud/o south
sufer/i suffer
sufiĉ/a sufficient, enough
sufok/i suffocate *tr*, choke *tr*
suk/o juice
sukces/i succeed; ~**o** success; **mal**~**i** fail
suker/o sugar
sulk/o wrinkle; furrow
sum/o sum, total; ~**igi** add
sun/o sun
sup/o soup
super over, above; **mal**~ below; ~**a** superior
suplement/o supplement
supoz/i suppose, presume, assume
supr/o top, summit; ~**e** above, on top; **mal**~**e** below; ~**aĵo** surface

sur upon, on, onto; ~**meti** put on (clothing)
surd/a deaf
surfac/o surface (geometrical)
surpriz/i surprise
surtut/o overcoat; overall
suspekt/i suspect
susur/i rustle; swish
svat/i arrange a marriage
sved/o Swede; ~**io** Sweden
sven/i faint
sving/i swing, wave, brandish
svis/o Swiss; ~**lando** Switzerland
ŝaf/o sheep; ~**ido** lamb
ŝajn/i seem, appear; ~**e** apparently; ~**igi** pretend
ŝak/o chess
ŝakal/o jackal
ŝalt/i switch on; **mal**~**i** switch off; ~**ilo** switch
ŝanc/o chance (of success); **bon**~**o** good fortune
ŝancel/i shake *tr*, topple *tr*
ŝanĝ/i change *tr*; ~**iĝi** change *intr*
ŝarg/i load (gun, etc)
ŝarĝ/o load, burden
ŝat/i value, appreciate, like

ŝaŭm/o foam, froth
ŝel/o shell, peel, rind, bark
ŝerc/i joke, jest; ~**o** joke
ŝi she, her; ~**a** her
ŝild/o shield; signboard
ŝink/o ham (meat)
ŝip/o ship
ŝir/i tear, rip
ŝirm/i shelter *tr*
ŝlos/i lock; ~**ilo** key
ŝmink/o make-up
ŝmir/i smear, anoint, lubricate
ŝnur/o string, cord
ŝofor/o driver, chauffeur; ~**i** drive (steer vehicle)
ŝose/o roadway
ŝov/i shove, push
ŝovel/i shovel; ~**ilo** shovel
ŝpar/i save (not waste); **mal**~**i** waste
ŝpin/i spin (make thread)
ŝpruc/i spurt out
ŝrank/o cupboard
ŝraŭb/o screw; ~**ilo** screwdriver
ŝtal/o steel
ŝtat/o state (nation); ~**ano** citizen (of country)
ŝtel/i steal
ŝtip/o log (wood)
ŝtof/o material (textile)
ŝton/o stone

ŝtop/i block up, plug
ŝtrump/o stocking; ~**eto** sock
ŝtup/o step (of stairs); ~**aro** staircase, stairs
ŝu/o shoe
ŝuld/i owe
ŝultr/o shoulder
ŝut/i pour out, tip out; **al**~**i** upload; **el**~**i** download
ŝvel/i swell, swell up
ŝvit/o sweat
tabak/o tobacco
tabel/o table (list)
tabl/o table (furniture)
tabul/o plank; board (blackboard, etc)
tag/o day; ~**libro** diary; ~**manĝo** lunch; ~**mezo** midday, noon; **post**~**mezo** afternoon; ~**ordo** agenda; **ĉiu**~**a** daily
taj/o Thai; ~**lando** Thailand
tajl/i cut (cloth, diamond)
tajlor/o tailor
tajp/i type
Tajvan/o Taiwan
taks/i estimate
taksi/o taxi
takt/o tact
tali/o waist; waistline
tamen however
tapet/o wallpaper
tapiŝ/o carpet

tarif/o tariff
tas/o cup
task/o task, job
taŭg/a suitable, fitting, adequate; **sen~a** useless
te/o tea
teatr/o theatre
ted/i bore (tire)
teg/i cover; face, coat
tegment/o roof
tegol/o tile (for roof)
teĥnik/o = **tekniko**
teknik/o technique; technology
teks/i weave
tekst/o text; **~programo** word processor
telefon/o telephone; **poŝ~o** mobile
teler/o plate (for food)
televid/i watch television; **~ilo** television (set)
tem/o topic, theme, subject
temp/o time; **sam~a** simultaneous
temperatur/o temperature
tempest/o storm, tempest
ten/i hold, grasp, maintain, keep; **de~i** restrain; **sin~o** attitude
tend/o tent; **~aro** camp
tendenc/o tendency

tener/a tender
tent/i tempt
teori/o theory
ter/o earth; ground
teras/o terrace
teren/o terrain, ground
teritori/o territory
termometr/o thermometer
tern/i sneeze
terur/o terror; **~i** terrify
testud/o tortoise
tia such
tial therefore
tiam then, at that time
tie there
tiel thus, so
ties that one's
tig/o stem, stalk
tigr/o tiger
tikl/i tickle
tim/i fear; **~igi** frighten; **~ema** timid
tinktur/o dye; tincture
tint/i tinkle; clink
tio that (thing)
tiom so much
tip/o type (exemplar), model; type (printing); **~aro** font
tir/i draw, pull
titol/o title (heading)
tiu that (one)
tol/o cloth (material)
toler/i tolerate

tomat/o tomato
tomb/o tomb, grave; **~ejo** churchyard
ton/o tone (note)
tond/i cut (with scissors); **~ilo** scissors
tondr/o thunder
tord/i wind, twist
torent/o torrent
tort/o tart, pie
tra through
tradici/o tradition
traduk/i translate
traf/i hit (not miss); **mal~i** miss
trafik/o traffic
tragedi/o tragedy
tragik/a tragic
trajn/o train
trajt/o feature, trait
trakt/i treat, deal with
traktat/o treaty
traktor/o tractor
tram/o tram
tranĉ/i cut (with knife); **~ilo** knife
trankvil/a quiet, calm, tranquil
trans across; **~igi** transfer; **~iri** cross (go across)
tre very
trejn/i train, coach
trem/i tremble, quiver
tremp/i dip, immerse
tren/i drag, tow
trezor/o treasure
tri three

tribunal/o court (of justice)
trik/i knit
trink/i drink
tritik/o wheat
tro too, too much; ~**uzi** overuse; ~**igi** exaggerate
tromp/i deceive; cheat
trotuar/o pavement (side of road)
trov/i find; ~**iĝi** be located
tru/o hole
trud/i impose, force
trumpet/o trumpet
trunk/o trunk, stem
trup/o troop
TTT (**Tut-Tera Teksaĵo**) WWW, web
tualet/o toilette
tub/o tube, pipe
tuber/o lump, bump
tuf/o tuft, wisp
tuj immediately; ~**a** immediate
tuk/o cloth (piece of cloth)
tumult/o riot; tumult
tun/o tonne
tunel/o tunnel
tur/o tower
turism/o tourism
turist/o tourist
turk/o Turk; ~**io** Turkey
turment/i torment, torture
turn/i turn *tr*; **el**~**iĝi** extricate oneself
tus/i cough
tuŝ/i touch; concern, affect
tut/a whole, entire; ~**e** completely; ~**monda** global, world-wide
-u *ending of imperative*
-uj/o *denotes container*; **mon**~**o** purse
ukrain/o Ukrainian; ~**io** Ukraine
-ul/o *denotes person*; **jun**~**o** young person; **krim**~**o** criminal
-um- *suffix with various meanings*; **plen**~**i** fulfil; **tend**~**i** camp
ung/o fingernail; claw
uniform/o uniform
unik/a unique
universal/a universal
universitat/o university
unu one; ~**iĝi** unite *intr*; ~**eco** unity; ~**e** at first
urb/o town, city
urĝ/i be urgent; ~**a** urgent
urs/o bear
-us *ending of conditional, etc*
Uson/o USA
util/a useful; **sen**~**a** useless

uz/i use
vad/i wade
vag/i wander, roam
vagon/o carriage (of train)
vakcin/o vaccine
vaks/o wax
val/o valley
valid/a valid
valiz/o suitcase
valor/o worth, value; ~**i** be worth; ~**a** valuable
van/a vain, futile
vang/o cheek
vant/a frivolous; vain
vapor/o steam; vapour
var/o commodity; ~**oj** goods
vari/i vary *intr*
varm/a warm; hot; ~**igi** warm, heat; **mal**~**umo** cold (illness)
vart/i nurse (care for children)
vast/a wide, huge, vast; **dis**~**igi** spread widely
vat/o cotton wool; wadding
vaz/o vase; vessel
ve! woe!, alas!
vegetal/o vegetable (plant); ~**ano** vegan
vegetar/a vegetarian; ~**ano** vegetarian
vejn/o vein
vek/i arouse *tr*, wake

up *tr*; ~**ilo** alarm clock
vel/o sail
velk/i fade *intr*, wither
velur/o velvet
ven/i come; **re~i** return (come back); **al~i** arrive; **kun~i** meet *intr*
vend/i sell; ~**ejo** shop; ~**isto** salesman
vendred/o Friday
venen/o poison
venĝ/i avenge; ~**o** revenge
venk/i beat, defeat, win
vent/o wind; ~**ego** gale, storm
ventr/o belly
ver/a true; ~**ŝajne** probably; **mal~a** untrue
verb/o verb
verd/a green
verg/o rod, wand
verk/o work (of author); ~**i** write, compose
verm/o worm
vers/o verse
verŝ/i pour
vert/o crown (of head)
vertic/o vertex, apex
vertikal/o vertical; ~**a** vertical
veruk/o wart
vesp/o wasp
vesper/o evening

vest/o garment
veŝt/o waistcoat
vet/i bet, wager
veter/o weather
vetur/i go, travel
vezik/o bladder; ~**eto** blister
vi you; ~**a** your
viand/o meat
vic/o row, rank; turn; **laŭ~e** in order, in turn
vid/i see; **antaŭ~i** foresee
vidv/o widower; ~**ino** widow
vigl/a lively; alert
viktim/o victim
vilaĝ/o village
vin/o wine
vinagr/o vinegar
vind/o bandage; swathing
vintr/o winter
viol/o violet; ~**(kolor)a** violet
violon/o violin
vip/o whip
vir/o man; ~**ino** woman
virg/a virgin
virt/o virtue
viski/o whisky
viŝ/i wipe
vit/o vine
vitr/o glass (substance)
viv/i live; **tra~i** survive; **sen~a** dead (lifeless)
vizaĝ/o face

vizit/i visit
vjetnam/o Vietnamese; ~**io** Vietnam
voĉ/o voice
voj/o way, road, route
vojaĝ/i travel; ~**o** journey
vok/i call; summon; **al~i** summon
vol/i wish, want; **ne~a** involuntary; **bon~u** please
volont/a willing; ~**ulo** volunteer
volum/o volume (tome)
volumen/o volume (size)
volv/i wrap, roll up; **dis~i** develop *intr*
vom/i vomit, throw up
vort/o word; ~**aro** dictionary; **laŭ~e** literally
vost/o tail
vual/o veil
vulkan/o volcano
vulp/o fox
vultur/o vulture
vund/o wound; ~**i** injure
zink/o zinc
zon/o belt; zone
zoologi/o zoology
zorg/i care, worry; ~**o** care; ~**e** carefully; ~**ema** careful (by nature)
zum/i hum, buzz

English-Esperanto

intr intransitive verb
tr transitive verb
~ root of preceding translation

abhor abomeni
able kapabla; **be able** povi
about (*around*) ĉirkaŭ; (*concerning*) pri
above super; supre
abrupt abrupta
absent forestanta
absolute absoluta
absorb sorbi
absurd absurda
abundant abunda
academy akademio
accelerate akceli
accent (*stress*) akcento
accept akcepti
accident akcidento
accompany akompani
according to laŭ
account konto; **on account of** pro
accurate preciza
accusative (*case*) akuzativo
accuse kulpigi; akuzi
achieve atingi
acid acida
acquire akiri
across trans
act (*take action*) ag/i, (*deed*) ~o; (*theatre; law*) akto; (*in theatre, etc*) aktori

action agado
active aktiva
activity agado
actor aktoro
actual efektiva
adapt adapti
add aldoni; sumigi; adicii
address adreso
adequate taŭga
adjective adjektivo
administer administri
admire admiri
adopt adopti
adore adori
adorn ornami
adult plenaĝa
advantage avantaĝo
advantageous favora
adventure aventuro
adverb adverbo
advertise reklami
advise konsili
aeroplane aviadilo
affair afero
affect tuŝi
afflict aflikti
Afghanistan Afganio
Africa Afriko
after post
afternoon posttagmezo
again refoje; denove
against kontraŭ

age aĝo; epoko
agenda tagordo
agent agento
agitate agiti
ago: two years ago antaŭ du jaroj
agree (*have same opinion*) samopinii; konsenti
agreement akordo
AIDS aidoso
aim celo
air aero
aircraft aviadilo
airport flughaveno
alarm alarmo
alarm clock vekilo
Albania Albanio
album albumo
alcohol alkoholo
alert vigla
all ĉiuj; la tuta, tuto
allow permesi
allude aludi
almost preskaŭ
alone sola
along laŭ
aloud laŭte
alphabet alfabeto
already jam
also ankaŭ
alternate *intr* alterni
although kvankam
aluminium aluminio
always ĉiam
amateur amatoro

ambassador ambasadoro
America (*continent*) Ameriko
among inter
amount kvanto
amuse amuzi
analyse analizi
and kaj
anecdote anekdoto
angel anĝelo
anger kolerigi
angry kolera
animal besto; (*not vegetable*) animalo
ankle maleolo
anniversary datreveno
announce anonci
annoy ĝeni; ĉagreni
anoint ŝmiri
another alia
answer respondo
ant formiko
Antarctic Antarkto
anthem himno
any iu ajn; eventuala
anyone iu ajn
anything io ajn
apart from krom; escepte
apartment apartamento
ape simio
apex pinto; vertico
apostle apostolo
apparatus aparato
apparently ŝajne
appear (*be seen*) montriĝi; ŝajni; aperi
appetite apetito
applaud aplaŭdi
apple pomo
apply apliki
appointment rendevuo
appreciate ŝati
approach proksimiĝi
appropriate konvena
approve aprobi
approximate proksimuma
apricot abrikoto
April aprilo
arbitrary arbitra
arbour laŭbo
arch arko
arctic arkta
ardent arda
area regiono
Argentina Argentino
argue (*dispute*) disputi; (*reason*) argumenti
argument (*dispute*) disputo; (*reasoning*) argumento
arm brako; armi
arm-chair fotelo
army armeo
around ĉirkaŭ
arouse *tr* veki
arrange aranĝi
arrangement (*order*) ordo
arrest aresti
arrive alveni
arrow sago
art arto
artery arterio
article (*journalism; grammar*) artikolo
as kiel
ascertain konstati
ash cindro
ashamed: be ashamed honti
Asia Azio
ask (*question*) demandi
ask for peti
asphalt asfalto
assemble munti
assert aserti
assign destini
assist (*in official capacity*) asisti
association asocio
assume supozi
astute sagaca
at ĉe; **at home** hejme
Atlantic Atlantiko
atom atomo
attack ataki
attain atingi
attempt provi
attend ĉeesti
attentive atenta
attitude sinteno
attractive alloga
audacious aŭdaca
audit revizii
August aŭgusto
aunt onklino
Australia Aŭstralio
Austria Aŭstrio
author aŭtoro
authority rajto; aŭtoritato; (*official body*) instanco
automatic aŭtomata

autumn aŭtuno
available disponata;
 have available
 disponi
avenge venĝi
avenue avenuo; aleo
average meznombro
avoid eviti
await atendi
aware konscia; **be aware** konscii
away for
axe hakilo
axis akso
axle akso
baby bebo
bachelor fraŭlo
back dorso
bacon lardo
bacterium bakterio
bad malbona
badge insigno
bake baki
balance ekvilibro;
 (*of account*) saldo
bald kalva
ball (*for games*)
 pilko; (*dance*) balo
ballad kanzono
balloon balono
bamboo bambuo
banana banano
band (*strip*) strio
bandage bandaĝo;
 vindo
bank (*shore*) bordo;
 (*financial*) banko
banknote bankbileto
banner standardo
baptise bapti
bar bari

barber barbiro
bare nuda
bark ŝelo; boji
barley hordeo
barrel barelo
barrier baro
barrister advokato
base bazo
basis bazo
basket korbo
bath bani; **have a bath** sin bani
battery (*electric cell*) pilo
battle batalo
bay golfo
be esti; (*well or unwell*) farti
beak beko
beam (*ray*) radio
bean fabo; fazeolo
bear urso
beard barbo
beat (*strike*) bati;
 (*defeat*) venki
beautiful bela
because ĉar
become iĝi
bed lito
bee abelo
beech fago
beer biero
beetroot ruĝa beto
before antaŭ
beg almozi
beggar almozulo
begin *tr* komenc/i,
 intr ~iĝi
behave konduti
behind malantaŭ
Belarus Belorusio

Belgium Belgio
believe kredi
bell sonorilo
bellow muĝi
belly ventro
belong aparteni
below malsuper;
 malsupre
belt zono
bench benko
bend *tr* fleksi
berry bero
besides krom
bet veti
betray perfidi
better pli bona
between inter
bewitch sorĉi
beyond preter
bicycle biciklo
bid oferti
big granda
bile galo
bind ligi; (*books*) bindi
birch (*tree*) betulo
bird birdo
biscuit kekso
bit (*piece*) peco; **a bit** iom
bite mordi
bitter amara
black nigra
bladder veziko
blade klingo
blame kulp/o, ~igi
blaspheme blasfemi
bless beni
blind blinda
blink palpebrumi
blister veziketo

block bloko; **block up** ŝtopi
blond blonda
blood sango
blouse bluzo
blow blovi
blue blua
board (*blackboard, etc*) tabulo
boast fanfaroni
boat boato
body korpo
boil *intr* bol/i, *tr* ~igi
boiler kaldrono
bone osto
book libro
boot boto
booth budo
border (*national*) landlimo
bore (*drill*) bori; (*tire*) tedi; **feel bored** enui
born: be born naskiĝi
borrow prunt/i, ~epreni
Bosnia Bosnio
bosom sino
both ambaŭ
bottle botelo
bottom fundo
bouquet bukedo
bourgeois burĝo
bow banto; riverenci
bower laŭbo
bowl bovlo
bow-tie banto
box kesto; skatolo
boy knabo

bracelet braceleto
brain cerbo
brake brems/o, ~i
branch branĉo
brandish svingi
brass latuno
brat bubo
brave kuraĝa
Brazil Brazilo
bread pano
break *tr* romp/i, *intr* ~iĝi
breakdown paneo
breast brusto; mamo
breathe spiri
breed *tr* bredi
brick briko
bridge ponto
bridle brido
bright hela
bring konduki
bring up eduki
Britain Britio
broad larĝa
brochure broŝuro
bronze bronzo
brother frato
brow brovo
brown bruna
brush broso
bucket sitelo
buckle buko
bud burĝono
budget buĝeto
build konstrui
building konstruaĵo
bulb (*electric*) ampolo; (*of plant*) bulbo
Bulgaria Bulgario
bull bovo

bullet kuglo
bulletin bulteno
bump tubero
bundle fasko
bungle fuŝi
burden ŝarĝo
burn *intr* bruli
burst *intr* krevi
bus aŭtobuso; buso
business afero; komerco
busy okupita
but sed
butter butero
butterfly papilio
button butono
buy aĉeti
buzz zumi
by ĉe; de
cabbage brasiko
cabin kajuto
cactus kakto
cage kaĝo
cake kuko
calamity plago
calculate kalkuli
calendar kalendaro
call voki
callus kalo
calm trankvila; kvieta; serena
camera fotilo; (*TV or cinema*) kamerao
camp tendumi; tendaro
can povi; skatolo
Canada Kanado
canal kanalo
candidate kandidato
candle kandelo
cap ĉapo; kaskedo

capable kapabla
capital (*city*) ĉefurbo; (*funds*) kapitalo; (*upper-case letter*) majusklo
capricious kaprica
capture kapti
car aŭto; aŭtomobilo
carafe karafo
card karto
cardboard kartono
care zorg/i, ~o
careful (*by nature*) zorgema; singarda
carefully zorge
caress karesi
carnival karnavalo
carpet tapiŝo
carriage (*of train*) vagono
carrot karoto
carry porti
cart ĉaro
carve skulpti
case (*event*) okazo; (*box*) skatolo; (*grammatical; legal; medical*) kazo
cassette kasedo
castle kastelo
cat kato
catalogue katalogo
catarrh kataro
catch kapti
category kategorio
caterpillar raŭpo
cause kaŭz/o, ~i
cave groto; kaverno
cavity kavo
CD KD (kompakta disko)
cease *intr* ĉesi
ceiling plafono
celebrate festi
cell ĉelo
cellar kelo
centimetre centimetro
centre centro
century jarcento
ceremony ceremonio
certain certa
certify atesti
chain ĉeno
chair seĝo
chairman prezidanto
chalk kreto
challenge defii
chance (*of success*) ŝanco; hazardo
change *tr* ŝanĝ/i, *intr* ~iĝi
channel kanalo
chapter ĉapitro
character (*personality*) karaktero
charming ĉarma
chase ĉasi
chat babili
cheat trompi
check kontroli
checkout (*till*) kaso
cheek vango
cheese fromaĝo
chemistry kemio
cheque ĉeko
cherry ĉerizo
chess ŝako
chest brusto; (*box*) kesto
chestnut kaŝtano
chew maĉi
child infano
chin mentono
china (*porcelain*) porcelano
China Ĉinio
chips terpomfritoj
chocolate ĉokolado
choir ĥoro
choke *tr* sufoki
choose elekti
chop haki
chunk bulo
church (*building*) preĝejo; (*organisation*) eklezio
cigar cigaro
cigarette cigaredo
cinder cindro
cinema (*industry*) kin/o, (*theatre*) ~ejo
circle rondo; cirklo
circuit cirkvito
circular (*letter*) cirkulero
circulate *intr* cirkuli
circumstance cirkonstanco
citizen (*of country*) ŝtatano; civitano
city urbo
civil civila
civilian civila
civilise civilizi
claim pretendi; aserti
clap aplaŭdi
class klaso
classic klasika
classical klasika

37

clause (*grammar*) propozicio
claw ungo
clean pur/a, ~igi
clear klara
clever lerta
client kliento
climate klimato
climb grimpi
clinic kliniko
clink tinti
cloak mantelo
clock horloĝo
close proksima; *tr* fermi
close to apud
cloth (*material*) tolo; (*piece of cloth*) tuko
cloud nubo
club (*society*) klubo
coach aŭtobuso; (*train*) trejni
coal karbo
coat mantelo; (*fur*) pelto; tegi; palto
cock (*bird*) koko
cocoa kakao
coconut kokoso
code kodo
coffee kafo
coffin ĉerko
coin monero
cold malvarma; (*illness*) malvarmumo
collaborate kunlabori
collar kolumo
colleague kolego
collect kolekti
collection kolekto

collective kolektiva
college kolegio
collide kolizii
colonel kolonelo
colour koloro
colourful bunta
column (*pillar*) kolono; kolumno
comb komb/i, ~ilo
combine *tr* kombini
come veni
comedy komedio
comfort konsoli
comfortable komforta
comical komika
comma komo
command ordoni; komandi
comment komenti
commissar komisaro
commission komisiono; komisii
committee komitato
commodity varo
common ofta; komuna
communicate komuniki
community komunumo
company kompanio; firmao
compare kompari
compartment fako
compensate kompensi
compete konkuri
competent kompetenta
competition konkurso

complain plendi
complement komplemento
complete kompleta
completely tute
complicate kompliki
complicated komplika
compose verki; komponi
compromise (*jeopardise*) kompromiti
compute komputi
computer komputilo
comrade kamarado
conceal kaŝi
concentrate *tr* koncentri
concept koncepto
concern tuŝi; koncerni
concerning pri; koncerne
concert koncerto
conclude konkludi
concord konkordo
concrete betono
condemn kondamni
condition (*state*) stato; (*stipulation*) kondiĉo
conduct konduki
conference konferenco
confess konfesi
confide konfidi
confidence konfidenco
confirm konfirmi

confuse konfuzi
congratulate gratuli
congress kongreso
conjecture konjekti
connect ligi
conscience konscienco
conscious konscia
consent konsenti
consequence sekvo; konsekvenco
consider rigardi; konsideri
consist konsisti
console konsoli
constable ĝendarmo
constant konstanta
constitute konsistigi
constitution konstitucio
consul konsulo
consult konsulti
consume konsumi
contact kontakto
contain enhavi
content kontenta
contest kontesti
continue *intr* daŭr/i, *tr* ~igi
contract kontrakto
contribute kontribui
control regi
convenient oportuna
conversation konversacio
convince konvinki
cook kuiri
cooperate kunlabori
copper kupro
copy kopi/o, ~i; (*of book, etc*) ekzemplero
coquettish koketa
cord ŝnuro
core kerno
cork korko
corn greno; maizo
corner angulo
corpse kadavro
correct ĝusta; korekti
correspond (*by mail*) korespondi
corridor koridoro
cosmos kosmo
cost kosti
costume kostumo
cotton kotono
cotton wool vato
cough tusi
could pov/is, ~us
count *tr* nombri
country (*nation*) lando
countryside kamparo
couple paro
coupon kupono
courage kuraĝo
course kurso
court kort/o, (*law*) ~umo; (*of justice*) tribunalo
courtyard korto
cousin (*male*) kuz/o, (*female*) ~ino
cover kovri; tegi
cow bov/o, ~ino
crack fendo
crafty ruza
crane gruo
crawl rampi
creak grinci
cream kremo
crease ĉifi
create krei
credit kredito
creep rampi
crest kresto
crime krimo
criminal krimulo
crippled kripla
crisis krizo
criticise kritiki
Croatia Kroatio
crocodile krokodilo
crook fripono
cross (*go across*) transiri; kruco
cross out trastreki
crow korvo; **hooded crow** korniko
crowd amaso
crown krono; (*of head*) verto
cruel kruela
crumple ĉifi
crust krusto
cry krii; plori; (*of animals*) bleki
crystal kristalo
Cuba Kubo
cube kubo
cuckoo kukolo
cucumber kukumo
cult kulto
cultivate kulturi
culture kulturo
cultured klera
cunning ruza
cup taso
cupboard ŝranko
curious scivola;

(*strange*) kurioza
curl (*of hair*) buklo
currant ribo
current (*electrical*) kurento; aktuala
curse *tr* malbeni
curtain kurteno
curve kurbo
cushion kuseno
custom kutimo; moro
customer kliento
customs dogano
cut (*with knife*) tranĉi; (*with scissors*) tondi; (*cloth, diamond*) tajli; fasono
cycle ciklo
Cyprus Kipro
Czech Republic Ĉeĥio
daddy paĉjo
daily ĉiutaga
damage difekti
dance danci; balo
danger danĝero
daring aŭdaca
dark malluma; malhela
darling karul(in)o
date (*time*) dato
daughter filino
day tago
dead mortinta; (*lifeless*) senviva
deaf surda
deal with trakti
dear kara
death morto
debit debeto

deceive trompi
December decembro
decent deca
decide decidi
declare deklari
decorate ornami
decrepit kaduka
dedicate dediĉi
deem rigardi
deep profunda
deer cervo
defeat venki
defend defendi
define difini
definitely (*without fail*) nepre
defy spiti
degree grado
delay prokrasti
delegate delegi
delicate delikata
delight *tr* ravi
delirious delira; **be delirious** deliri
deliver liveri
demand postuli
Denmark Danio
denounce denunci
dense densa
dentist dentisto
department fako
depend dependi
deposit deponi
describe priskribi
desert dezerto
deserve meriti
design desegni; fason/o, ~i
desire deziri
despite malgraŭ
dessert deserto

destiny sorto
destroy detrui
detail detalo
detergent lesivo
determine determini
develop *intr* disvolvi; *intr* evolui; (*photo*) riveli
devil diablo
devoted sindona
devout pia
dew roso
dialogue dialogo
diary taglibro
dice ĵetkubo
dictate dikti
dictionary vortaro
die morti
diet dieto
differ diferenci
difference diferenco
different alia; malsama
difficult malfacila
dig fosi
digest digesti
digit cifero
digital cifereca
diligent diligenta
dimension dimensio
dip trempi
direct senpera; rekta
direction direkto
director direktoro; (*of film*) reĝisoro
disabled person handikapito
disc disko
discount rabato
discuss diskuti
disease malsano

dish plado
dispatch ekspedi
dispute disputi
dissect sekci
dissolve solvi
distance distanco
distant fora
distinguish distingi
distinguished eminenta
distract distri
distress ĉagreni; aflikti
distribute distribui
district kvartalo
disturb ĝeni
ditch foso
dive plonĝi
divert distri
divide dividi
do fari
doctor (*medical*) kuracisto; (*academic title*) doktoro
document dokumento
dog hundo
doll pupo
dollar dolaro
donation donaco
donkey azeno
door pordo
double duobla
doubt dub/i, ~o
dough pasto
download elŝuti
downwards malsupren
dowry doto
draft (*preliminary version*) malneto

drag treni
drama dramo
draw (*pull*) tiri; (*sketch*) desegni; (*extract*) ĉerpi
dream (*in sleep*) sonĝi; (*wish*) revi
dregs feĉo
dress robo; kostumo
drill bori
drink trink/i, ~o; (*consume alcohol*) drinki
drip guto
drive (*propel*) peli; (*steer vehicle*) ŝofori
driver ŝoforo
drop guto
drown *intr* droni
drug drogo
drunk ebria
drunkard ebriulo
dry seka
dubious dubinda
duck anaso
dumb muta
dung sterko
duration daŭro
during dum
dust polvo
duty devo; **be on duty** dejori
dwell loĝi
dye tinkturo
each ĉiu
eager avida
eagle aglo
ear orelo; (*of corn*) spiko
early frua
earn gajni

earth tero; grundo
east oriento
Easter Pasko
easy facila
eat manĝi
echo eĥo
ecology ekologio
economy ekonomio
edge rando
edit redakti
editor (*journalist*) redaktoro
educate eduki; klerigi
educated klera
eel angilo
effect (*result*) efiko; (*impression*) efekto
egg ovo
egotist egoisto
Egypt Egiptio
eight ok
either ... or ... aŭ ... aŭ ...
elastic elasta
elbow kubuto
elect elekti; baloti
electricity elektro
electronics elektroniko
elegant eleganta
element elemento
elephant elefanto
embarrassment embaraso
embassy ambasadejo
embrace brakumi
eminent eminenta
emotion emocio
empire imperio
employ dungi

employment ofico
enamel emajlo
encounter renkonti
encourage instigi
end fino
endeavour peni; klopodi
energy energio
engine motoro
engineer inĝeniero
England Anglio
English angla
enigma enigmo
enjoy ĝui
enough sufiĉa
ensnare insidi
entangle impliki
enter eniri
entertain distri; regali
enthusiasm entuziasmo
entice logi
entire tuta
entrust komisii; konfidi
envelope koverto
environment medio
envy envii
epidemic epidemio
epoch epoko
equal egala
equator ekvatoro
equilibrium ekvilibro
equip ekipi
eraser gumo
erect munti
error eraro
escape eskapi
especially speciale

Esperanto Esperanto
essence esenco
establish starigi; (*ascertain*) konstati; establi
estate bieno
estimate taksi
Estonia Estonio
etc ktp (kaj tiel plu)
eternal eterna
euro (*money*) eŭro
Europe Eŭropo
even eĉ; (*level*) ebena
evening vespero
event evento
ever iam
every ĉiu
everybody's ĉies
everyone ĉiu
everything ĉio
everywhere ĉie
evident evidenta
evolve evolui
ex- eks-
exact ĝusta; ekzakta
exaggerate troigi
exam ekzameno
examine ekzameni
example ekzemplo
excellent bonega
except escepte
excite eksciti
exclude escepti
excursion ekskurso
excuse senkulpigi; preteksto
execute (*kill a prisoner*) ekzekuti
exempt escepti
exercise ekzerc/i, ~o

exercise-book kajero
exhausted elĉerpita
exhibition ekspozicio
exist ekzisti
expect atendi
expensive multekosta
experienced sperta
experiment eksperimento
expert spert/a, ~ulo
explain klarigi
explode *intr* eksplodi
exploit ekspluati
explore esplori
export eksporti
express esprimi
expression (*on face*) mieno
extend *tr* etendi
extent amplekso
extinguish estingi
extract ĉerpi
extreme ekstrema
eye okulo
eyebrow brovo
eyelid palpebro
façade fasado
face vizaĝo; tegi; (*of object*) faco
fact fakto; **in fact** ja; fakte
factory fabriko
fade *intr* velki
fail malsukcesi
faint sveni
fair justa; (*blond*) blonda; foiro
fairy feo
fairytale fabelo

faithful fidela
fake falsa
fall fali
false falsa
falsify falsi
familiar (*informal*) familiara
family familio
famous fama
fantasy fantazio
far fora; **as far as** ĝis
fare farti
farm bieno
farmer bienisto
fashion modo
fast rapida; (*not eat*) fasti
fat dika; graso
fate sorto
father patro
favour komplezo
favourable favora
fax faksi
fear timi
feast festeni
feather plumo
feature trajto
February februaro
federation federacio
feed nutri
feel (*sentiments*) senti; (*by touch*) palpi
female in/o, ~a
fervent fervora
fever febro
few malmultaj
fiancé fianĉo
fiction fikcio
field kampo

fierce kruela
fight batali
figure figuro
file (*records*) dosiero
fill plenigi
film filmo
finance financo
find trovi
fine bela; (*punishment*) monpuno; subtila
finger fingro
fingernail ungo
finish *tr* fin/i, *intr* ~iĝi
Finland Finnlando
fir abio
fire fajro; pafi
fireplace kameno
firm firma; firmao
fish fiŝo
fist pugno
fit adapti
fit out ekipi; garni
fitting taŭga
five kvin
fix (*fasten*) fiksi
fixed fiksa
flag (*banner*) flago
flagstone kahelo
flame flamo
flare flagri
flat loĝejo; plata; apartamento
flatter flati
flax lino
flee fuĝi
flesh karno
float flosi
flock grego
flood *tr* inundi

floor (*ground*) planko; (*storey*) etaĝo
floppy disketo
flour faruno
flow flu/i, ~o
flower floro
flu gripo
fluid fluido
flutter flirti
fly flugi; (*insect*) muŝo
foam ŝaŭmo
fodder furaĝo
fog nebulo
fold fald/i, ~o
follow sekvi; (*result*) rezulti
font tiparo
food manĝaĵo
fool stultulo; mistifiki
foot (*of body*) piedo; (*length*) futo
for por
forage furaĝi
forbid malpermesi
force devigi; trudi
forecast prognozo
forehead frunto
foreign fremda
foresee antaŭvidi
forest arbaro
forge (*falsify*) falsi; (*work metal*) forĝi
forget forgesi
forgive pardoni
forgo rezigni
fork forko
form formo; figuro
formula formulo

forwards antaŭen
found (*establish*) fondi
foundation fundamento
fountain fontano
four kvar
fox vulpo
frame kadro
framework kadro
France Francio
free libera; (*gratis*) senpaga
frequent ofta
fresh freŝa
Friday vendredo
friend amiko
friendship amikeco
frighten timigi
frivolous vanta
frog rano
frolic petoli
from de
front fronto; **in front of** antaŭ
frontage fronto
frost frosto
froth ŝaŭmo
fruit frukto
fry friti
frying-pan pato
fulfil plenumi
full plena; (*not hungry*) sata
function funkcio
fungus fungo
funnel funelo
funny komika
fur pelto
furious furioza
furnace forno

furniture mebl/oj, ~aro
furrow sulko
further plu; akceli
futile vana
future estonteco
gain gajni
gale ventego
gall galo
gallant brava
game ludo
garage aŭtejo; garaĝo
garden ĝardeno
garland girlando
garlic ajlo
garment vesto
gas gaso
gate pordo
gay gaja
gelatine gelateno
general ĝenerala; (*military*) generalo
generation generacio
generous malavara
genius (*ability*) geni/o, (*person*) ~ulo
gentle milda
gentleman sinjoro
geography geografio
Georgia Kartvelio
germ ĝermo
Germany Germanio
gesture gesti
get ricevi; akiri
get married (*man*) edz/iĝi, (*woman*) ~iniĝi, (*man and woman*) ge~iĝi

ghost fantomo
Gibraltar Ĝibraltaro
gift donaco
girl knabino
give doni
give up rezigni
give way cedi
glass (*for drinking*) glaso; (*substance*) vitro
glasses (*spectacles*) okulvitroj
glide gliti
global tutmonda
globe globo
glory gloro
glove ganto
glue gluo
gnat kulo
go iri; (*by vehicle*) veturi
goat kapro
go away foriri
god dio
gold oro
golf golfo
good bona
goodbye adiaŭ
goods varoj
goose ansero
gossip klaĉi
govern regi
government registaro
gown robo
graceful gracia
grade (*mark*) noto; grado; rango
grain greno; grajno
gram gramo
grammar gramatiko

granddaughter nepino
grandfather avo
grandmother avino
grandson nepo
grasp teni
grass herbo
grate grinci
grateful danka
grating krado
grave tombo
grease graso
great granda
great-grandfather praavo
great-grandson pranepo
Greece Grekio
greedy avida
green verda
Greenland Gronlando
greet saluti
grey griza
grid krado
grimace grimaci
grind mueli
groan ĝemi
ground tero; tereno
group grupo
grow *intr* kreski
grub larvo
grumble grumbli
guarantee garantii
guard gardi
guess diveni; (*conjecture*) konjekti
guest gasto
guide gvidi
guilty kulpa
gulf golfo

gum gumo
gunpowder pulvo
habit kutimo; moro
hail hajlo
hair har/o, ~oj
hairdresser frizisto
half duono
hall (*large room*) halo
ham (*meat*) ŝinko
hammer martelo
hand mano
handicap handikapo
handicraft metio
handy oportuna
hang *intr* pend/i, ~igi, (*execute*) ~umi; **hang up** kroĉi
happen okazi
happy feliĉa
harbour haveno
hard (*durable*) malmola
hare leporo
haricot fazeolo
harmony harmonio
harness jungi
harvest rikolti
hat ĉapelo
have havi
have to devi
hay fojno
hazard riski
he li
head kapo
healthy sana
heap amaso
hear aŭdi
hearsay onidiro
heart koro

hearth kameno
heat varmigi; hejti
heaven ĉielo
heavy peza
hectare hektaro
hedge heĝo
hedgehog erinaco
heel (*of foot*) kalkan/o, (*of shoe*) ~umo
helicopter helikoptero
hell infero
hello! saluton!
help helpi
hen kokino
her ŝi, ~a
herald heroldo
herd grego
here ĉi tie
hero heroo
herring haringo
hesitate heziti
hide kaŝi; felo
high alta
hill monteto
him li
hire (*from somebody*) lu/i, (*to somebody*) ~igi; (*employ*) dungi
his lia
history historio
hit (*strike*) bati; (*tap*) frapi; (*not miss*) trafi
hoarse raŭka
hoax mistifiki
hobby hobio
hold teni
hole truo
holiday ferio**

hollow kavo
holy sankta
home hejmo
honest honesta
honey mielo
Hong Kong Honkongo
honour honoro
hoof hufo
hook kroĉi; hoko
hope esperi
horizon horizonto
horizontal horizontal/o, ~a
horn korno
horse ĉevalo
hospital malsanulejo
hot varma
hotel hotelo
hour horo
house domo
how kiel; **how are you?** kiel vi fartas?
however tamen
how much kiom
hug brakumi
hum zumi
human homo
humane humana
humble humila
humid humida
humour (*mood*) humoro; (*wit*) humuro
hump ĝibo
hundred cent
Hungary Hungario
hungry malsata
hunt ĉasi
hurry *intr* hasti
husband edzo

hut kabano
hygiene higieno
hymn himno
I mi
ice glacio
Iceland Islando
idea ideo
ideal ideal/o, ~a
identical identa
if se; **as if** kvazaŭ
ignore ignori
ill malsana
illegal kontraŭleĝa
illustrate ilustri
image bildo
imagination fantazio
imagine imagi
imitate imiti
immediately tuj
immerse trempi
immune imuna
impel instigi
impetus impulso
implicate impliki
import importi
important grava
impose trudi
impression impreso; efekto
improve plibonigi
impulse impulso
in en
inch colo
incite inciti
incline (*tilt*) klini
include inkluzivi
including inkluzive de
income enspezo; (*unearned*) rento
inconvenience ĝen/i, ~o

increase *tr* pliigi
indeed ja
independent sendependa
India Barato
indicate indiki
indifferent indiferenta
indignant indigna
individual individuo
Indonesia Indonezio
industry industrio
infect infekti
infer konkludi
influence influi
influenza gripo
inform informi
information informo(j)
inhabitants loĝantaro
inherit heredi
initiate *tr* iniciati
inject injekti
injure vundi
ink inko
innocent senkulpa
inquisitive scivola
insane freneza
insect insekto
inside en, ~e
insist insisti
inspector inspektoro
inspire inspiri
install instali
instead of anstataŭ
instinct instinkto
instrument (*musical*) muzikilo; (*tool*) instrumento

insulate izoli
insult insulti
insure asekuri
intellect intelekto
intelligent
 inteligenta
intend intenci
interest interes/i, ~o
internal interna
international
 internacia
interpret interpreti
interrupt interrompi
intestine intesto
intimate intima
into en
invent inventi
investigate esplori;
 enketi
invite inviti
involuntary nevola
Iran Irano
Iraq Irako
Ireland Irlando
iron (*metal*) fero;
 glad/i, (*smoothing
 iron*) ~ilo
irony ironio
irritate inciti
island insulo
isolate izoli
it ĝi
Italy Italio
itch *tr* juki
its ĝia
jackal ŝakalo
jacket jako
jam marmelado
January januaro
Japan Japanio
jar poto

jealous ĵaluza
jeopardise
 kompromiti
jewel juvelo
job labori; tasko
join ligi
joint artiko
joke ŝerc/i, ~o
journal revuo
journalist ĵurnalisto
journey vojaĝo
joy ĝojo
jubilee jubileo
judge juĝ/i, ~isto
jug poto; kruĉo
juice suko
July julio
jump salti
June junio
just ĵus; justa
keep teni; gardi;
 konservi
kernel kerno
key ŝlosilo; (*of
 keyboard*) klavo
keyboard klavaro
kidney reno
kill mortigi
kilogram kilogramo
kilometre kilometro
kind afabla; speco
kindness komplezo
king reĝo
kiss kisi
kitchen kuirejo
knead knedi
knee genuo
knife tranĉilo
knit triki
knot nodo
know (*be acquainted

 with*) koni; (*a fact*)
 scii
Korea Koreio
laboratory
 laboratorio
lace (*of shoe*) laĉo;
 (*fabric*) punto
lack manko
lacquer lako
lady sinjorino
lake lago
lamb ŝafido
lame lama
lamina lameno
lamp lampo
land lando
landscape pejzaĝo
language lingvo
lantern lanterno
lap sino
large granda
larva larvo
last lasta; daŭri
late malfrua
later poste
latest lasta
latitude
 (*geographical*)
 latitudo
Latvia Latvio
laugh ridi
lavatory necesejo
law (*legislation*)
 leĝo; (*legal system*)
 juro
lawsuit proceso
lay out sterni
lazy pigra
lead konduki;
 (*metal*) plumbo
leaf folio

league ligo
lean *tr* apogi
leap salti
learn lerni
least malplej; **at least** almenaŭ
leather ledo
leave lasi
lecture lekcio; preleg/i, ~o
left (*hand*) maldekstra
leg kruro
legal (*not illegal*) laŭleĝa
lemon citrono
lend prunt/i, ~edoni
less malpli
lesson leciono
let lasi
letter (*correspondence*) letero; (*of alphabet*) litero; **lower-case letter** minusklo
level ebena; nivelo
libel kalumnii
library biblioteko
licence licenco
lick leki
lie (*be horizontal*) kuŝi; (*tell a lie*) mensog/i, ~o
life vivo
lift levi; (*elevator*) lifto
light lum/o, ~a
lightning fulmo
like simila; ŝati
liking simpatio
lily lilio

limit lim/o, ~igi
line linio; streko
link ligi
lion leono
lip lipo
liquid likvo
list list/o, ~igi
listen aŭskulti
literally laŭvorte
literature literaturo
Lithuania Litovio
litre litro
little malgranda
live loĝi; vivi
lively vigla
liver hepato
lizard lacerto
load ŝarĝo; (*gun, etc*) ŝargi
loan prunto
loathe abomeni
local loka
locality loko
lock ŝlosi; seruro
locomotive lokomotivo
lodgings loĝejo
log (*wood*) ŝtipo
logic logiko
lone sola
lonely soleca
long longa; **long for** sopiri
longer plu
longitude longitudo
look (*seem*) aspekti
look at rigardi
look for serĉi
lorry kamiono
lose perdi; malgajni
loss perdo; (*financial*) malprofito
lot (*fate*) sorto; (*something assigned by chance*) loto
loud laŭta
lounge salono
love ami
low malalta
loyal lojala
lubricate ŝmiri
luck hazardo
lull *tr* luli
lump bulo; tubero
lunch tagmanĝo
lung pulmo
lure logi
Luxembourg Luksemburgo
luxury lukso
Macedonia Makedonio
machine maŝino
mad frenezo
magazine gazeto; (*of gun, etc*) magazeno; (*illustrated*) magazino
magnificent grandioza
magpie pigo
mail poŝto
main ĉefa; precipa
maintain teni
maize maizo
majestic majesta
major grava
make fari; (*of goods*) marko
make-up ŝminko
malicious malica

mammal mamulo
man viro
manage administri
manager direktoro
mandate mandato
manipulate manipuli
mankind homaro
manner maniero
manoeuvre manovri
manure sterko
many multaj
map mapo
march marŝi
March marto
mark marko; (*grade*) noto; stampo
market (*bazaar*) bazaro; foiro
marmalade marmelado
marsh marĉo
mason masonisto
mass (*large quantity*) amaso; (*measurement*) maso
mast masto
master (*boss*) mastro; (*of art or profession*) majstro
mat mato
match (*for fire*) alumeto; (*game*) partio
material materialo; (*textile*) ŝtofo
mathematics matematiko
matter (*material*) materio
mattress matraco
mature matura

maximum maksimumo
May majo
maybe eble
mayor urbestro
me mi
meal manĝo
mean (*miserly*) avara; signifi
means rimedo
meanwhile dume
measure mezuri
meat viando
mechanics mekaniko
mechanism mekanismo
medicament medikamento
medicine medikamento; medicino
meditate mediti
Mediterranean Mediteraneo
meet *intr* kunveni; *tr* renkont/i, *intr* ~iĝi
melon melono
melt *tr* fandi; *intr* degeli
member membro
memory memoro
mend ripari; fliki
mention mencii
menu menuo
mere nura
merry gaja
mess kaĉo
message mesaĝo
metal metalo
method metodo
metre metro

microphone mikrofono
microwave oven mikroonda forno
midday tagmezo
middle mezo
migrate migri
mild milda
mile mejlo
milk lakto; melki
mill muel/i, ~ejo
milliard miliardo
millimetre milimetro
million miliono;
  thousand million miliardo
mind menso
mine mino
mineral mineralo
minimum minimumo
minister (*government*) ministro
ministry (*government*) ministrejo
minus minus
minute minuto
mirror spegulo
mis- mis-
misery mizero
miss maltrafi
Miss fraŭlino
mistake eraro
mix miksi
mixture miksaĵo
moan ĝemi
mock moki
model modelo; (*exemplar*) tipo

moderate moder/a, ~igi
modern moderna
modest modesta
modify modifi
moment momento
Monday lundo
money mono
monkey simio
monster monstro
month monato
monument monumento
mood agordo; humoro
moon luno
morals moralo
more pli
morning mateno
mosquito moskito
moss musko
most plej
mother patrino
motive motivo
motor motoro
mountain monto
mourning funebro
mouse muso
mouth buŝo; (*of animal*) faŭko
move *tr* mov/i, *intr* ~iĝi
movement movado
mow falĉi
Mr sinjoro; s-ro
Mrs sinjorino; s-ino
much multe
mud koto
multiply *tr* multipliki
mummy panjo

murder murdi
murmur murmuri
muscle muskolo
museum muzeo
mush kaĉo
music muziko
must devi
mute muta
mutiny ribel/i, ~o
mutual reciproka
muzzle muzelo
my mia
mystery mistero
nail (*fingernail*) ungo; (*for woodwork*) najlo
naive naiva
naked nuda
name nomo
nape nuko
nation nacio
nationalism naciismo
nature naturo
nauseate naŭzi
near ĉe; proksima
nearby proksima
nearly preskaŭ
neat neta
necessary necesa
neck kolo
need bezoni
needle nadlo
neglect neglekti
neighbour najbaro
neither nek
nephew nevo
nerve nervo
nervous nervoza
nest nesto
net reto

Netherlands Nederlando
network reto
never neniam
new nova; freŝa
news novaĵo
newspaper ĵurnalo
New Zealand Nov-Zelando
next sekva
niece nevino
night nokto
nightingale najtingalo
nine naŭ
nip pinĉi
no ne
noble nobla
nobody neniu
node nodo
noise bruo
noon tagmezo
nor nek
normal normala
north nordo
Norway Norvegio
nose nazo
not ne
note noto
nothing nenio
notice rimarki; avizo
notify avizi
nought nul
noun substantivo
nourish nutri
novel romano
November novembro
now (*well*) nu; (*at present*) nun
nowhere nenie

49

number (*quantity*) nombro; (*of house, ticket, etc*) numero
nurse (*care for sick*) fleg/i, ~ist(in)o; (*care for children*) varti
nut nukso
nylon nilono
oak kverko
oats aveno
obey obei
object objekto
observe observi
obstacle obstaklo
obstinate obstina
obtain ricevi
obvious evidenta
occupy okupi
occur okazi
occurrence okazaĵo
ocean oceano
October oktobro
odd (*not even*) nepara; (*strange*) stranga
of (*quantity*) da; de
of course kompreneble
off for
offend ofendi
offer oferti; proponi
office oficejo; kabineto
officer oficiro
official oficiala
often ofte
oil oleo
old (*not young*) maljuna; (*not new*) malnova

olive olivo
on sur
once unufoje; iam
one oni; unu
one's onia
onion cepo
only nur; sola
onto sur
open *tr* malfermi; nefermita
opera opero
operate operacii
operation operacio
opinion opinio
opponent kontraŭulo
opportunity okazo
oppose kontraŭstari; oponi
opposition (*political*) opozicio
or aŭ
orange oranĝ/o, ~(kolor)a
orator oratoro
orchestra orkestro
order ordo; ordoni; (*make request for*) mendi
ordinary ordinara
organ organo
organisation organizaĵo
organise organizi
origin origino
original (*earliest*) origina; original/o, (*not a copy*) ~a
originate *tr* iniciati
orphan orfo
orthography ortografio

ostrich struto
other alia
our nia
out of el
outside ekster, ~e
outstanding elstara
oval ovalo
over super
overall kitelo
overcoat palto
overthrow renversi
overturn renversi
overuse trouzi
owe ŝuldi
owing to pro
owl strigo
own (*one's own*) propra; posedi
Pacific Ocean Pacifiko
packet pako
page (*of book*) paĝo
pain doloro
paint (*make a painting*) pentri; farb/o, (*coat with paint*) ~i
paint-brush peniko
pair paro
palace palaco
pale pala
palm (*tree*) palmo
pamper dorloti
pamphlet broŝuro
paper papero
parachute paraŝuto
paradise paradizo
parallel paralel/o, ~a
parcel pako
pardon pardoni

parent gepatro
park parko
parliament parlamento
parrot papago
part parto
party (*festivity*) festo; (*faction*) partio
pass *intr* pas/i, *tr* (*time*) ~igi
passenger pasaĝero
passion pasio
Passover Pasko
passport pasporto
past pasinteco
paste pasto
pasture paŝti
patch fliki
patience pacienco
patron patrono
pause paŭzi
pavement (*side of road*) trotuaro
pay pagi
pea pizo
peace paco
peach persiko
peacock pavo
pear piro
pearl perlo
peculiar stranga
peculiarity propraĵo
peel ŝelo
peg kejlo
pen plumo
pencil krajono
pendulum pendolo
penetrate penetri
penny penco
pension pensio

pensioner emerito
people oni; (*populace*) popolo
pepper pipro
percent elcento
percentage procento
perfect perfekta
perfume parfumo
perhaps eble
period epoko; periodo
periodical gazeto
perish perei
permanent konstanta
permit permesi
persecute persekuti
persevere persisti
persist persisti
person homo; persono
personality persono
petrol benzino
petroleum petrolo
pharmacy apoteko
phenomenon fenomeno
photograph fotografi; fot/i, ~o
physics fiziko
piano piano
pickaxe pioĉo
pickle pekl/i, ~aĵo
picture bildo
pie torto
piece peco
pig (*animal*) porko
pigeon kolombo
pile amaso
pillar kolono
pilot piloto

pimple akno
pin pinglo
pinch pinĉi
pine pino
pint pajnto
pioneer pioniro
pip grajno
pipe (*for tobacco*) pipo; (*tube*) tubo
pity kompat/i, ~o; **it is a pity that** estas domaĝe, ke
pizza pico
place loko; meti
plait plekti
plan plano
plane plata
planet planedo
plank tabulo
plant planto
plastic (*material*) plast/o, ~o
plate (*for food*) telero
platform kajo; perono
platter plado
play ludi
pleasant agrabla
please mi petas; bonvolu; plaĉi
pleased kontenta
pleasure plezuro
plentiful abunda
plough plugi
plug ŝtopi; kejlo
plum pruno
plunder rabi
plunge *intr* plonĝi
plural pluralo
plus plus

pocket poŝo
poem poemo
poet poeto
poetry poezio
point (*dot; in space; in time; question*) punkto; (*tip*) pinto
poison veneno
Poland Pollando
pole stango
police polico
policeman policano
policy politiko
polish poluri; ciro
polite ĝentila
politician politikisto
politics politiko
poor malriĉa
pope papo
popular populara
population loĝantaro
porridge avenkaĉo
port haveno
porthole luko
portion porcio
portrait portreto
Portugal Portugalio
position pozicio
possess posedi
possession posedaĵo
possible ebla; eventuala
post (*employment*) ofico; (*mail*) poŝto; (*upright timber*) fosto; (*station*) posteno
postcard poŝtkarto
poster afiŝo
pot poto
potato terpomo

pound (*weight*) funto; (*money*) pundo
pour verŝi
poverty mizero
powder pulvoro; (*cosmetic*) pudro
power potenco
practical praktika
practice (*praxis*) praktiko
practise (*put into practice*) praktiki
praise laŭdi
pray preĝi
precise preciza
prefer preferi
preferable preferinda
pregnant graveda
prejudice antaŭjuĝo
prepare prepari
preposition prepozicio
prescribe preskribi
prescription recepto
present prezenti; donaco; aktuala
preserve konservi; (*fruit, etc*) konfiti
preside prezidi
president prezidanto
press premi
presume supozi
pretend ŝajnigi
pretext preteksto
previous antaŭa
price prezo
prick piki
priest pastro
prime-minister ĉefministro
prince princo
principal ĉefa; precipa
principle principo
print presi
printer (*computer*) presilo
prison malliberejo
private privata
prize premio
probable probabla
probably verŝajne
problem problemo
proceed procedi
produce produkti
product produkto
profession profesio
professor profesoro
profit profito
program programo
programme programo
progress progres/i, ~o
project projekto
proletarian proleto
prominent elstara
promise promesi
promote akceli; propagandi
prompt akurata; instigi
pronoun pronomo
pronounce prononci
propel peli
property propraĵo; (*land*) bieno
prophet profeto
propose proponi
proposition

propozicio
prose prozo
prosecute persekuti
prosper prosperi
protect protekti
protest protesti
proud fiera
prove pruvi
proverb proverbo
provide provizi
province provinco
provision provizo
provoke provoki
psychology psikologio
public publik/o, ~a
publish (*print*) eldoni
publisher eldonejo
pull tiri
pump pump/i, ~ilo
pumpkin kukurbo
punctual akurata
punish puni
pure pura
purify purigi
purpose celo
purse monujo
pursue persekuti
pus puso
push puŝi; ŝovi
put meti
putrefy putri
puzzle enigmo
quality kvalito
quantity kvanto
quarrel kvereli
quarter (*of a town*) kvartalo
quay kajo
queen reĝino

question demando
quick rapida
quiet trankvila; kvieta
quite iom; tute
quiz kvizo
quote citi
rabbit kuniklo
radiator radiatoro
radio radio
raft floso
rag ĉifono
rail relo
rain pluv/o, ~i
raise levi; bredi
range amplekso
rank vico; rango
rapid rapida
raspberry frambo
rat rato
rather iom; pli ĝuste; prefere
raven korvo
raw kruda
ray radio
reach atingi
reaction (*political; chemical*) reakcio
read legi
ready preta; (*money*) kontanta
real efektiva; reala
really vere
realm regno
reap rikolti
reason (*cause*) kialo; (*logical faculty*) racio; (*argue*) rezoni; (*motive*) motivo
reasonable prudenta

rebate rabato
rebel ribeli
receipt kvitanco
receive ricevi; (*guests*) akcepti
recent lastatempa
recently antaŭ nelonge
recipe recepto
reckon kalkuli
recognise (*approve*) agnoski
recommend rekomendi
record registr/o, ~i; disko; (*unexcelled performance*) rekordo
red ruĝa
reduce *tr* redukti
refer to aludi
reflect (*light, etc*) reflekti
reform reformi
refugee rifuĝinto
refuse rifuzi
regime reĝimo
regiment regimento
region regiono
register registr/o, ~i
regret bedaŭri
reinforce armi
relate rilati
relation parenco
relationship rilato
relative parenco; relativa
relax *intr* malstreĉiĝi
reliable fidinda
religion religio
relish frandi

remain resti
remainder resto
remaining cetera
remarkable rimarkinda
remember memori
remove forigi
rendez-vous rendevuo
renounce rezigni
rent *(from somebody)* lu/i, *(to somebody)* ~igi
repair ripari
repeat ripeti
repent penti
replace *(be a replacement for)* anstataŭ/i, *(find a replacement for)* ~igi
reply respond/i, ~o
report raporti
repose ripozi
represent reprezenti
reproach riproĉi
republic respubliko
request peti
require postuli
rescue savi
research esplorado
reserve rezervo
resign *(leave office)* demisii
resist rezisti
resolve solvi
resource rimedo
respect respekti
rest resto; ripozi
restaurant restoracio

restrain deteni
restraint brido
restrict limigi
result rezult/i, ~o
retired emerita
return *(give back)* redoni; *(go back)* reiri; *(come back)* reveni
reveal riveli
revenge venĝo
review revuo; *(book, etc)* recenzi
revise revizii
revolution *(revolt)* revolucio
reward rekompenco
rhyme rimo
rhythm ritmo
rib ripo
ribbon rubando
rice rizo
rich riĉa
ride *(on horse, bicycle, etc)* rajdi
right rajto; *(hand)* dekstra; *(correct)* ĝusta; *(in opinion)* prava
right-angle rektangulo; orto
rigid rigida
rim rando
rind ŝelo
ring rondo; ringo
ringing sonoro
riot tumulto
rip ŝiri
ripe matura
risk riski
river rivero

road vojo
roadway ŝoseo
roam vagi
roar muĝi
roast rosti
rob rabi
robe robo
robust fortika
rock roko; *tr* balanci
rod stango; vergo
rogue fripono
rôle rolo
roll rul/o, *tr* ~i, *intr* ~iĝi; *(bread)* bulko
roller rulo
Romania Rumanio
roof tegmento
room ĉambro
root radiko
rose rozo
rot *intr* putri
rough kruda
round rond/o, ~a
route vojo
row vico; remi
rub froti
rubber kaŭĉuko
ruin ruino
rule regi; regulo
rumour onidiro
run kuri; **run away** fuĝi
Russia Rusio
rust rusto
rustle susuri
rye sekalo
sack sako; maldungi
sacrifice oferi
safe sendanĝera; sekura
sail velo

sailing boat barko
saint sanktulo
salad salato
salary salajro
saloon salono
salt salo
salute saluti
same sama
sample specimeno
sand sablo
sandwich sandviĉo
satire satiro
satisfied kontenta
Saturday sabato
sauce saŭco
saucepan kaserolo
Saudi Arabia Saŭda Arabio
sausage kolbaso
savage sovaĝa
save savi; (*not waste*) ŝpari
saw seg/i, ~ilo
say diri
scale (*measure*) skalo
scar cikatro
scarcely apenaŭ
scene sceno
schnapps brando
school lernejo
science scienco
scissors tondilo
scorpion skorpio
Scotland Skotlando
scrape skrapi
scratch grati
screen ekrano
screw ŝraŭbo
screwdriver ŝraŭbilo
sculpt skulpti

sea maro
season sezono
seasoning spico
seat seĝo; benko
seaweed algo
second dua; sekundo
secondary school liceo
second-hand brokanta
secret sekret/o, ~a
secretary sekretario
section sekcio
see vidi
seed semo
seek serĉi
seem ŝajni; aspekti
sell vendi
senate senato
send sendi; **send off** ekspedi
sense (*meaning*) senco; (*faculty*) senso
senseless sensenca
sensible prudenta
sentence frazo
separate apart/a, ~igi
September septembro
Serbia Serbio
serene serena
series serio
serious grava; serioza
serve servi
service servo
set up starigi
seven sep
several pluraj

severe severa
sew kudri
sex sekso; **have sex** amori
shackle kateno
shade ombro
shadow ombro
shake *tr* skui; *tr* ŝanceli
shall -os
shame honto; **it is a shame that** estas domaĝe, ke
shameful fia
shape formo
share (*in company*) akcio
sharp akra
shatter frakasi
shave *tr* raz/i, sin ~i
she ŝi
shed stalo
sheep ŝafo
sheet (*of paper*) folio
sheet-metal lado
shelf breto
shell ŝelo
shelter *tr* ŝirmi; *intr* rifuĝi
shield ŝildo
shine *intr* lumi; *intr* brili
ship ŝipo
shirt ĉemizo
shoe ŝuo
shoot pafi
shop vendejo; (*large*) magazeno; butiko
shore bordo
short mallonga
should -us; devus

shoulder ŝultro
shout krii
shove ŝovi
shovel ŝovel/i, ~ilo
show montri; spektaklo
shower (*bath*) duŝ/o, (*fixture*) ~ilo
shrewd sagaca
shut *tr* fermi
sick malsana
side flanko
sign subskribi; signo
signal signalo
signboard ŝildo
signify signifi
silent silenta
silk silko
silly malsaĝa
silver arĝento
similar simila
simple simpla
simultaneous samtempa
sin peki
since ĉar; de
sincere sincera
sing kanti
single unuopa
singular singularo
sister fratino
sit (*be sitting*) sidi; **sit down** sidiĝi
site situo
situation (*state of affairs*) situacio; situo
six ses
size grando
ski skio
skilful lerta

skin haŭto; (*of animal*) felo
skirt jupo
skull kranio
sky ĉielo
skylight luko
slander kalumnii
slanting oblikva
slaughter buĉi
slave sklavo
sledge sledo
sleep dormi
sleeve maniko
slide gliti
slightly iomete
slip gliti
slipper pantoflo
slope deklivo
Slovakia Slovakio
Slovenia Slovenio
sludge feĉo
slug limako
small malgranda
smash frakasi
smear ŝmiri
smell *intr* odori; *tr* flari
smile rideti
smock kitelo
smoke fumo
smooth glata
snake serpento
sneeze terni
snore ronki
snout muzelo
snow neĝ/o, ~i
so tiel; do
soap sapo
sober sobra
social sociala
society (*association*) societo; (*community*) socio
sock ŝtrumpeto
sofa sofo
soft mola
soil grundo
soldier soldato
sole sola; (*of foot*) pland/o, (*of shoe*) ~umo
solemn solena
solid firma; solido
solve solvi
some iom; (*a few*) kelkaj
somehow iel
someone iu
someone's ies
something io
sometimes kelkfoje
somewhat iom
somewhere ie
so much tiom
son filo
song kanto; kanzono
soon baldaŭ
soot fulgo
sorry! pardonu!
sort speco
soul animo
sound *intr* son/i, ~o; sonoro
soup supo
sour acida
source fonto
south sudo
Soviet Union Sovet-Unio
space spaco; kosmo
spade fosilo
Spain Hispanio

sparrow pasero
speak paroli
special speciala
specialist fakulo
specimen specimeno
spectacle spektaklo
spelling ortografio
spend (*pay money*) elspezi
spice spico
spider araneo
spin (*make thread*) ŝpini
spinach spinaco
spirit spirito
spirits brando
spit kraĉi
splendid grandioza
splinter splito
spoil difekti
sponge spongo
spoon kulero
sport sporto
spot makulo; akno
spread *tr* etendi; sterni; propagandi
spring (*season*) printempo; fonto
spruce (*tree*) piceo
spurt out ŝpruci
square (*shape*) kvadrato; (*in town*) placo
squirrel sciuro
stable stalo
stadium stadiono
stage etapo; (*of development*) stadio
stain makulo
staircase ŝtuparo
stairs ŝtuparo

stake (*post*) paliso
stalk tigo
stall stalo; budo
stammer balbuti
stamp (*postage*) poŝtmarko; (*impression*) stampo
stand stari; budo
standard normala; normo
star stelo
start *intr* starti
state (*condition*) stato; (*nation*) ŝtato; regno; deklari; aserti
station stacio; posteno
statue statuo
stature staturo
stay resti
steak bifsteko
steal ŝteli
steam vaporo
steel ŝtalo
steep kruta
stem trunko; tigo
step paŝ/i, ~o; (*of stairs*) ŝtupo
stick bastono
stiff rigida
still ankoraŭ
stimulate eksciti
sting piki
stir up agiti
stock-exchange borso
stocking ŝtrumpo
stomach stomako
stone ŝtono
stop *intr* halt/i, *tr* ~igi

store magazeno
storey etaĝo
stork cikonio
storm ventego; tempesto
story historio
stove forno
straight rekta
strange stranga
stranger fremdulo
strap rimeno
straw pajlo
strawberry frago
street strato
stretch streĉi
strict severa
stride paŝi
strike (*of workers*) striki
string ŝnuro; (*of violin, etc*) kordo
strip strio
stripe strio
strive strebi
stroke streko; karesi
strong forta
structure strukturo
struggle barakti; lukti
stub stumpo
student studento
study studi; esplori; (*room*) kabineto
stump stumpo
stupid stulta
sturdy fortika
style stilo
subcommittee komisiono
subject (*of study*) fako; temo; subjekto

subscribe (*obtain by regular payment*) aboni
subscription kotizo
subsidise subvencii
substance substanco
subtle subtila
subtract subtrahi
succeed sukcesi
success sukceso
such tia
suck suĉi
sudden subita
suffer suferi
sufficient sufiĉa
suffocate *tr* sufoki
sugar sukero
suggest proponi
suitable konvena; taŭga
suitcase valizo
sum sumo
summary resumo
summer somero
summit supro
summon vok/i, al~i
sun suno
Sunday dimanĉo
superior supera
supplement suplemento
supply provizo; liveri
support apogi
suppose supozi
sure certa
surface supraĵo; (*geometrical*) surfaco
surgeon kirurgo
surgery kirurgio

surprise surprizi
survive travivi
suspect suspekti
swallow hirundo; gluti
swan cigno
swear (*take an oath*) ĵuri; blasfemi
sweat ŝvito
Sweden Svedio
sweep balai
sweet dolĉa; (*confection*) bombono
swell ŝveli
swim naĝi
swing *tr* balanci; svingi
swish susuri
switch ŝaltilo
switch off malŝalti
switch on ŝalti
Switzerland Svislando
sword glavo
sympathise kunsenti
system sistemo
table (*furniture*) tablo; (*list*) tabelo
tact takto
tail vosto
tailor tajloro
Taiwan Tajvano
take preni
talk paroli
tame dresi
tap frapi; krano
tape bendo
tar gudro
tariff tarifo
tart torto

task tasko
taste gust/o, *tr* ~umi
tax imposto
taxi taksio
tea teo
teach instrui
teacher instruisto
tear ŝiri; (*of eye*) larmo
technique tekniko
technology tekniko
telephone telefono
television (*set*) televidilo; **watch television** televidi
tell diri; (*narrate*) rakonti
tell off riproĉi
temperate sobra
temperature temperaturo
tempest tempesto
tempt tenti
ten dek
tendency tendenco
tender tenera
tent tendo
terrace teraso
terrain tereno
terrify teruri
territory teritorio
terror teruro
test provi
testify atesti
text teksto
Thailand Tajlando
than ol
thank danki
thank you! dankon!
that (*thing*) tio; (*one*) tiu; (*conjunction*) ke

thaw *intr* degeli
the la
theatre teatro
their ilia
them ili
theme temo
then tiam; do
theory teorio
there tie
therefore tial; do
thermometer termometro
they ili; oni
thick dika; (*dense*) densa
thing aĵo; afero; objekto
think pensi; (*have an opinion*) opinii
thirsty soifa; **be thirsty** soifi
this (*thing*) ĉi tio; (*one*) ĉi tiu
thorn dorno
though kvankam; **as though** kvazaŭ
thought penso
thousand mil
thread fadeno
threaten minaci
three tri
threshold sojlo
throat gorĝo
through tra
throw ĵeti
throw up vomi
thunder tondro
Thursday ĵaŭdo
thus tiel
ticket bileto
tickle tikli

tie ligi; (*necktie*) kravato
tiger tigro
tile kahelo; (*for roof*) tegolo
till kaso
tilt klini
time (*occasion*) fojo; tempo
timid timema
tin (*can*) skatolo
tinkle tinti
tip pinto
tire laciĝi; **tired** laca
title (*heading*) titolo
to al
tobacco tabako
today hodiaŭ
together kune
toilet necesejo
toilette tualeto
token signo
tolerate toleri
tomato tomato
tomb tombo
tomorrow morgaŭ
tone (*note*) tono
tongue lango
tonne tuno
too tro; **too much salt** tro da salo
tool ilo
tooth dento
top supro
topic temo
topical aktuala
topple *tr* ŝanceli
torrent torento
tortoise testudo
torture turmenti
total sumo

touch tuŝi
tourism turismo
tourist turisto
tow treni
towards al
tower turo
town urbo
trace spuro
tractor traktoro
trade komerci; metio
tradition tradicio
traffic trafiko
tragedy tragedio
tragic tragika
trail spuro
train trajno; dresi; trejni
trait trajto
tram tramo
tranquil trankvila
transfer transigi
translate traduki
travel veturi; vojaĝi
tray pleto
treasure trezoro
treat regali; trakti
treaty traktato
tree arbo
tremble tremi
triangle triangulo
tribe gento
trifle (*unimportant thing*) bagatelo
trolley ĉaro
troop trupo
trousers pantalono
truck kamiono
true vera
trumpet trumpeto
trunk trunko; kofro
trust fidi

try provi; peni
tub kuvo
tube tubo
Tuesday mardo
tuft tufo
tune agordi
tunnel tunelo
Turkey Turkio
turn *tr* turni; vico
twice (*two times*) dufoje
twilight krepusko
twin ĝemelo
twist tordi
two du
type (*kind*) speco; (*exemplar*) tip/o, (*printing*) ∼o; tajpi
Ukraine Ukrainio
umbrella ombrelo
uncle onklo
under sub
underline substreki
underpants kalsono
understand kompreni
undertake entrepreni
uniform uniformo
union (*trade union*) sindikato
unique unika
unite *intr* unuiĝi
unity unueco
universal universala
university universitato
unless se ... ne
until ĝis
upload alŝuti
upon sur

upwards supren
urchin bubo
urge instigi
urgent urĝa
us ni
USA Usono
use uzi; **use up** konsumi
useful utila
useless senutila; sentaŭga
usually plej ofte; kutime
vaccine vakcino
vain (*futile*) vana; vanta
valid valida
valley valo
valuable valora
value valoro; ŝati
vapour vaporo
varied diversa
variety speco
various diversa
vary *intr* varii
vase vazo
vast vasta
vat kuvo
vegan vegetalano
vegetable (*food*) legomo; (*plant*) vegetalo
vegetarian vegetar/a, ∼ano
veil vualo
vein vejno
velvet veluro
verb verbo
verify kontroli
verse verso
vertex vertico

vertical vertikala
very tre
vessel vazo
vex ĉagreni
victim viktimo
Vietnam Vjetnamio
village vilaĝo
vine vito
vinegar vinagro
violet viol/o, ∼(kolor)a
violin violono
virgin virga
virtue virto
visit viziti
voice voĉo
volcano vulkano
volume (*size*) volumeno; (*tome*) volumo
volunteer volontulo
vomit vomi
vote baloti
vulture vulturo
wadding vato
wade vadi
wager veti
wages salajro
waist talio
waistcoat veŝto
wait atendi
waiter kelnero
wake up *tr* veki
Wales Kimrio
walk *intr* piediri; marŝi; (*for pleasure*) promeni
wall muro
wallpaper tapeto
wand vergo
wander vagi

want deziri; voli
war milito
warm varm/a, ~igi
warn averti
wart veruko
wash lavi
wasp vespo
waste malŝpari
watch horloĝo
water akvo
wave ondo; svingi
wax vakso
way vojo; maniero
we ni
weapon armilo
wear porti
weather vetero
weave teksi; plekti
Wednesday merkredo
weed sarki
week semajno
weekend semajnfino
weep plori
weigh *intr* pezi; *tr* pesi
welfare sociala
well nu; sana; puto
west okcidento
wet malseka
whale baleno
what (*thing*) kio
whatever kio ajn
wheat tritiko
wheel rado
wheelbarrow ĉarumo
when kiam
where kie
whether ĉu
which kiu
while dum

whip vipo
whisky viskio
whisper flustri
whistle fajfi
white blanka
who kiu
whoever kiu ajn
whole tuta
whose kies
why kial
wide larĝa; vasta
widow vidvino
widower vidvo
wife edzino
wild sovaĝa
will -os; volo
willing volonta
willow saliko
win gajni; venki
wind vento; tordi
window fenestro
wind up streĉi
wine vino
winter vintro
wipe viŝi
wire drato
wise saĝa
wish deziri; voli
wisp tufo
with kun; (*by means of*) per
wither velki
without sen
witty sprita
wolf lupo
woman virino
wonderful miranda
wood (*forest*) arbaro; (*material*) ligno
wool lano
word vorto
word processor

tekstprogramo
work labori; (*of author*) verko
world mondo
worm vermo
worry zorgi
worship adori
worth valoro
worthy brava
would -us
wound vundo
wrap volvi
wrestle lukti
wretched (*despicable*) aĉa
wrinkle sulko
write skribi; verki
wrong malĝusta; erara
WWW TTT (Tut-Tera Teksaĵo)
yawn oscedi
year jaro
yearn sopiri
yellow flava
yes jes
yesterday hieraŭ
yet ankoraŭ
yield cedi
yoghurt jogurto
yoke jugo
you vi
young juna; **young person** junulo
your via
youth jun/ulo, ~aĝo
zealous fervora
zero nul
zone zono
zoology zoologio

Some notes on Esperanto grammar

Nouns, adjectives, article

Nouns have the ending **-o**. Adjectives have the ending **-a**. In either case the endings **-j** for plural and **-n** for accusative may be added. An adjective used with a noun agrees with the noun.

There is no indefinite article (English *a* or *an*) but there is a definite article **la** (English *the*), which does not take any endings.

The accusative is used to mark the direct object of a verb.

Juna knabo legas novan libron. *A young boy is reading a new book.*
La altaj arboj havas multajn foliojn. *The tall trees have many leaves.*

Verbs

There are six verb endings:

-as	present	**Mi legas la libron.**	*I am reading the book.*
-is	past	**Mi legis la libron.**	*I have read the book.*
-os	future	**Mi legos la libron.**	*I will read the book.*
-u	imperative	**Venu! Ili venu!**	*Come! Let them come!*
-us	conditional	**Se li volus, li venus.**	*If he wanted, he'd come.*
-i	infinitive	**Mi volas legi ĝin.**	*I want to read it.*

Adverbs

The ending for adverbs is **-e**, but many common adverbs are used without an ending. If an adverb with the ending **-e** denotes position, then the accusative ending **-n** may be added to denote movement into the position.

Mi venos tuj.	*I shall come immediately.*
Mi sidas hejme.	*I'm sitting at home.*
Mi biciklas hejmen.	*I'm cycling home.*

Pronouns

The pronouns are: **mi** *I, me*, **ni** *we, us*, **vi** *you*, **li** *he, him*, **ŝi** *she, her*, **ĝi** *it*, **oni** *one*, **ili** *they, them*, **si** *reflexive*. The pronoun **si** refers to the subject of the clause. The pronoun **oni** is used more frequently than 'one' in English.

Li vidas lin.	*He sees him (someone else).*
Li vidas sin.	*He sees himself.*
Oni devas longe atendi.	*You have to wait a long time.*
Oni diras, ke ...	*People say that ...*

Word order and questions

The order of subject, verb and object in an Esperanto sentence may be changed for emphasis:

Tion vi jam scias. *You already know that.*

To make a yes-no question in Esperanto, add **ĉu** in front of the corresponding statement:

Vi trovis ĝin. *You found it.*
Ĉu vi trovis ĝin? *Did you find it?*

Other questions use **ki-** words from the table of correlatives:

Kion vi diris? *What did you say?*
Kie vi estas? *Where are you?*

Participles

There are active and passive participles for past, present and future, and the participle can have the adjective, adverb or noun ending:

-i-	past	-nt-	active	-a	adjective
-a-	present			-o	noun
-o-	future	-t-	passive	-e	adverb

A participle with a noun ending denotes a person. A participle with an adverb ending has the same subject as the sentence.

flugi *to fly* → **fluganta birdo** *a flying bird*
legi *to read* → **leganto** *a reader*
veni *to come* → **la venonta aŭtobuso** *the next bus*
Legante, oni lernas. *You learn by reading.*

The adjectival participles can be used to form compound tenses, but such forms are rare in Esperanto:

Mi atendis lin. *I waited (was waiting) for him.*
Mi estis atendanta lin. *I was waiting for him.*

Numerals

0 **nul**, 1 **unu**, 2 **du**, 3 **tri**, 4 **kvar**, 5 **kvin**, 6 **ses**, 7 **sep**, 8 **ok**, 9 **naŭ**,
10 **dek**, 11 **dek unu**, 12 **dek du**, ..., 20 **dudek**, 21 **dudek unu**, ...,
100 **cent**, 100 **cent unu**, ..., 120 **cent dudek**, ...,
345 **tricent kvardek kvin**, ..., 1000 **mil**, ...
2000 **du mil**, ..., 9999 **naŭ mil naŭcent naŭdek naŭ**,
10000 **dek mil**, ..., 100000 **cent mil**, ..., 1000000 **miliono**.

Use **-a** for ordinals: **unua** *first*, **dua** *second*, ...
See also **-obl**, **-on** and **-op** in the list of suffixes.

Word formation

Words in Esperanto are often created by combining other Esperanto words and elements. This is one of the features of Esperanto that makes it easier to learn, as it reduces the amount of vocabulary that must be memorised, but you must pay attention to it when looking up Esperanto words in a dictionary.

Change of ending

You can change a noun into an adjective, a verb into a noun, and so on, by replacing the ending:

kato	*a cat*	→	**kata**	*feline, catlike*
manĝi	*eat*	→	**manĝo**	*meal*
bela	*beautiful*	→	**belo**	*beauty*

If a word does not already have a grammatical ending, one can be added:

tro	*too (much)*	→	**troa**	*excessive*
nun	*now*	→	**nuno**	*present time*

Prefixes and suffixes

There is a list of the main prefixes and suffixes, with examples, on the front and back inside covers.

Compounds

There are two main types of compound. In the first and more common type elements are added in front of a word to restrict or further specify its meaning. This is also how most compounds work in English:

kanto + **birdo** → **kantbirdo** *songbird* (a kind of bird)
birdo + **kanto** → **birdkanto** *birdsong* (a kind of song)

In the second, rarer type, a group of words is combined with a new grammatical ending:

ruĝ[a] *red* + **har[o]** *hair* + **-a** → **ruĝhara** *red-haired*
tri *three* + **angul[o]** *corner* + **-o** → **triangulo** *triangle*

A grammatical ending may be included between the elements of a compound, depending on how hard the combination is to pronounce, or how hard the elements are to distinguish: **birdkanto** or **birdokanto**.

Note that compounds are always written as a single word or hyphenated in Esperanto, unlike in English: **poŝtoficejo** *post office*.